JN241494

巡礼の道・
フランチジェナ街道

ローマ〜シエナ 280キロの記録

La Via Francigena:
da Roma a Siena, il percorso a piedi

在イタリア日本国大使館
前次席公使
廣田 司 HIROTA
TSUKASA

幻冬舎MC

巡礼の道・
フランチジェナ街道

ローマ〜シエナ280キロの記録

ラ・スカーラ教会（トスカーナ州カスティリオーネ・ドルチャ）

はじめに

　「カトリックの三大巡礼地」といえば、多くの方がご存じの通り、エルサレム（キリストの墓）、ローマ・バチカンのサン・ピエトロ大聖堂（聖ペテロの墓）、スペインのサンティアゴ・デ・コンポステーラ（聖ヤコブの墓）の３つである。

　フランチジェナ街道は、このうちローマ・バチカンを目指す約1700kmの巡礼路で、英国のカンタベリー大聖堂からフランス、スイスを経て、カトリックの総本山であるサン・ピエトロ大聖堂までを結んでいる。また近年では、ローマから更にイタリア南部プーリア州を結ぶ道もフランチジェナ街道として認定されている。

　起源は中世ランゴバルド王国の時代まで遡る。ローマ教皇ボニファティウス８世が1300年を「聖年」と定めた際には、人々はこぞって「フランチジェナ街道」を通ってローマを目指した。一説によるとこの年だけで200万人もの巡礼者がローマを訪れたという。また中世ヨーロッパ経済の発達に伴い、数多くの商人達もこの道を頻繁に利用した。時代は下って16世紀、日本から遠路はるばるイタリアに渡った天正遣欧少年使節団も、このフランチジェナ街道を歩いたという記録が残っている。

　このような華々しい歴史を持つフランチジェナ街道だが、ある時期から廃れ、イタリア国内でも長年忘れられていた（その経緯は後述する）。ようやく整備が進んだのは1990年代のことである。歴史的にも宗教的にも重要な巡礼路であるにもかかわらず、スペインの巡礼路の人気ぶりと比較して不思議なほど知名度が低いのはそのためである。日本人は勿論、イタリア人でも存在を知らない人が意外に多い。

　筆者がフランチジェナ街道に出会ったのは、2021年１月のことである。外出制限は多少緩やかになっていたものの、コロナ禍はまだ厳しく、人との接触を極力避けつつ運動ができればと軽い気持ちで、フラ

ンチジェナ街道を歩き始めた。すると街道沿いには、今も500年以上前の歴史が息づく街が数多くある上に、古代ローマや紀元前のエトルリア文明の遺跡が日常の風景に溶け込んでおり、歩きながら何度も驚かされた。フランチジェナ街道に魅せられた筆者は、週末を利用して歩き続け、１年以上をかけてローマから約280km 北に位置するシエナまで踏破した。本書はその記録である。

　2024年現在でも、残念ながら「フランチジェナ街道」を紹介した日本語の書籍はまだ１冊もなく、この本が日本初の「フランチジェナ街道」の解説本となる。資料が少なく苦労したが、幸いフランチジェナ街道を整備している欧州フランチジェナ協会（The European Association of the Via Francigena ways: EAVF）の後援が決まりご協力頂いた。この場を借りて感謝をお伝えしたい。

　筆者が歩いたのはフランチジェナ街道の一部に過ぎないが、本書が少しでもフランチジェナ街道への関心を高め、イタリアという国の底知れぬ魅力とその歴史の一端を伝えることができれば、望外の喜びである。

フランチジェナ街道の案内板。黄色い服を着た巡礼者のイラストは街道の公式ロゴである。

https://www.viefrancigene.org/en/
https://www.facebook.com/ViaFrancigenaEU/
https://www.instagram.com/viafrancigena_eu/
https://x.com/viafrancigenaeu

2024年は、欧州評議会がフランチジェナ街道を「文化街道」と認定して30周年にあたる。これを記念して、欧州フランチジェナ協会では、各種活動を繰り広げている。

目　次

トスカーナ州

シエナ

モンテローニ・ダルビア

サン・クイーリコ・ドルチャ

バーニ・サン・フィリッポ

アミアータ山

ラディコーファニ

アッバディーア・サン・サルヴァトーレ

ポンテ・ア・リゴ

サン・ロレンツォ・ヌオヴォ

モンテフィアスコーネ

ボルセーナ湖

ヴィテルボ

ヴィーコ湖

カプラーニカ

ブラッチャーノ湖

カンパニャーノ・ディ・ローマ

ラツィオ州

ラ・ストルタ

ローマ

VIA FRANCIGENA

ミラノ

ヴェネツィア

シエナ

ローマ

ナポリ

ITALIA

フランチジェナ街道とは

　フランチジェナ街道の起源は、476年の西ローマ帝国滅亡後、東ローマ帝国とイタリア半島の覇権を争っていたランゴバルド王国の時代にまで遡る。当時ランゴバルドの人々は、イタリア北部と南部を往来する際、東ローマ帝国の影響が強いフィレンツェ周辺を避け、トスカーナ地方西部を通る経路、具体的にはアペニン山脈を越え、ルッカ、シエナを経由し、オルチャ渓谷に繋がる道を利用するようになった。

　このランゴバルド王国が、774年にフランク国王カール大帝に滅ぼされたことで、この道が「フランス方面に端を発する道」、つまり「フランチジェナ街道」と呼ばれるようになったようだ。「フランチジェナ街道」の名は、トスカーナ州南部アミアータ山麓に建つサン・サルヴァトーレ修道院（87頁参照）が所蔵する羊皮紙の文書（876年）に歴史上初めて現れる。

　10世紀以降は、「巡礼の道」として知られるようになる。990年、英国カンタベリー大司教シゲリック（Sigeric）がローマから帰任後、ローマからカンタベリーまでの旅を記録に残した。この中に記された町は現在のフランチジェナ街道沿いの街とほぼ対応しており、フランチジェナ街道は、このシゲリックの記録が基となっている。ローマを目指す巡

ヴィテルボ・プリオーリ宮「地図の間」壁画（部分）。ヴィテルボを中心に、ローマからボルセーナ湖までのフランチジェナ街道沿いの主な街が描かれている。

礼者は1000年前後から増加し、ローマから更にプーリア州の港まで歩き、聖地エルサレムへ向かう者も多かった。

　また当時のフランチジェナ街道は、東洋からの商品（絹や香辛料など）を北ヨーロッパの市場に運ぶための通商路としても使われ、多くの商人が行き来した。フランチジェナ街道は「巡礼の道」、そして「通商の道」として、中世において宗教的・経済的に大きな意義を有したのだ。街道沿いの街は栄え、中でもシエナは、ヨーロッパの金融の中心地として潤沢な資金力を誇り、13世紀には大聖堂の建築や絵画などの芸術面でも花開いたのだった。

　だが、シエナの栄光は長くは続かなかった。シエナはフィレンツェとトスカーナ地方の覇権を巡って度々衝突し、1348年にはペストによって人口の半分以上を失う大打撃を受けた。代わりにフィレンツェがトスカーナの中心として台頭し、フィレンツェを通らないフランチジェナ街道も、その重要性を失っていく。

　その後、一部は残ったものの主要街道としてのフランチジェナ街道は廃れてしまった。

　再び道の整備が進んだのは僅か30年ほど前で、現在は山中の多くの道も、安全で歩きやすいトレッキングコースとなっている。街道沿いには随所に標識が設置されており、フランチジェナ街道公式アプリ内に地図もあるので、道に迷う心配はない。1994年には欧州評議会による「文化街道」の認定を受け、現在、イタリアの関係省庁や地方自治体が立ち上がり、「世界遺産」認定に向けたプロジェクトも進んでいる。

　フランスの著名な中世歴史家であるジャック・ル・ゴフは、フランチジェナ街道を「アングロサクソンのヨーロッパとラテンヨーロッパの架け橋」と述べている。人々を地域社会と結び付け、文化遺産を強化し、経済を生み出し、対話を推進するフランチジェナ街道が何百年の時を経て、再び世界から脚光を浴びる日もそう遠くないのかもしれない。

フランチジェナ街道の時代背景

イタリアの歴史は長く複雑である。これを背景に、イタリアでは現在もなお、各地で独自の文化や風習が息づいており、人の気質や食も驚くほど多様である。

フランチジェナ街道を歩く魅力は、こうしたイタリア各地の歴史と文化を肌で感じられることである。観光地ではないイタリアの自然の中を歩き、人と触れ合い、街道沿いの旧市街や史跡を訪ねることで、知識が実体験に変わる感覚を味わえる。

特に多くの人がフランチジェナ街道を行き交った中世に関する知識があった方が歩く楽しみが増えるので、以下簡単にご紹介したい。

✦西ローマ帝国滅亡〜北方勢力の支配

西ローマ帝国滅亡後（476年）、ゲルマン民族の一つであるランゴバルド族は、北イタリアにランゴバルド王国を建国（568年）。この王国はその後イタリアの東側（アドリア海側）を領有していた東ローマ帝国の影響を排除し、南イタリアにも支配を拡大していく。その結果、南北をランゴバルド族に挟まれたローマ教皇は、徐々に北方のフランク王国を頼るようになる。フランク王国ピピン3世は、ランゴバルド王国を攻撃、奪った中部イタリアの土地を教皇に寄進した（756年）。この「ピピンの寄進」による土地が後の教皇領の基盤である。そして約20年後、フランク王国カール大帝はランゴバルド王国を滅ぼした（774年）。

カール大帝の死後、フランク王国は分裂し、ローマ以北のイタリア半島は、ローマを中心とする教皇勢力とドイツから南下する勢力との争いに巻き込まれることとなる。更に10世紀には、ティレニア海側からも北方ヴァイキングが進入する。この戦乱の時期、城の建設が各地で進み、封建的主従関係による支配が広がった。

✦都市共同体の形成

11世紀以降、経済的には「中世農業革命」といわれる農業技術発達の結果、穀物収穫率は大幅に上昇し、村落共同体の形成、牧畜、商品作物の生産が進んだ。また宗教的には「紀元1000年の終末」が無事に過ぎたことや「カノッサの屈辱」（1077年）を引き起こしたローマ教皇グレゴリウス7世による改革もあり、封建貴族や騎士層、民衆の信仰心が昂揚し「十字軍運動」へと繋がっていく。

こうした状況を背景に、フランチジェナ街道沿いには、古代ローマ時代の都市を基にした都市共同体が成立し、中には自治権を獲得する都市も出てきた。南北ヨーロッパ間の商品取引も進み、13世紀にはフランシスコ会やドミニコ会といった托鉢修道会も各都市で活発に活動した。政治的には、特に教皇の権威が高まった11世紀末から13世紀までの間、北の神聖ローマ皇帝と南のローマ教皇がしばしば対立し、街道沿いの各都市もその争いの中に巻き込まれることとなる。

✦やがてルネサンスへ

14世紀になると、皇帝権、教皇権共に衰退する。神聖ローマ皇帝は7人の選帝候の選挙によって選ばれるようになり（1356年〜）、教皇庁はアヴィニョンに移った（1309年〜1377年）。これにより、ローマとアヴィニョンに別々の教皇が立てられる教会大分裂（1378年〜1417年）の時代を迎える。また気候の寒冷化に伴い、凶作と飢餓、更に黒死病の流行が欧州全体を覆う。イタリア半島では、有力都市国家と教皇領が勢力を均衡させながら相対峙する不安定な状況が続いた。

その後のルネサンス期になると、勝ち残ったフィレンツェやローマなどが地域の中心となり、その結果、重要な通商ルートから外れたフランチジェナ街道沿いの都市は、徐々に衰退していくこととなる。

フランチジェナ街道を歩いた人々

中世の時代、フランチジェナ街道を歩いたのは一体どういう人々だったのだろうか。歴史のロマンに満ちたこの道の魅力をより楽しむため、歩く際、具体的にイメージしてみて欲しい。

✤ローマ教皇

中世の教皇は全ヨーロッパに霊的権威を有し、特に11世紀末から13世紀に絶大な影響力を誇った。中部イタリアにも広い所領を有し、ローマからフランチジェナ街道を通って、ヴィテルボやモンテフィアスコーネなど所領各地に移動し、執務を行った。

ボニファティウス8世（ラツィオ州アナーニ「ボニファティウス8世宮殿」）

✤神聖ローマ皇帝

初代の神聖ローマ皇帝はザクセン朝オットー1世（962年戴冠）である。以降、代々の皇帝は、欧州の世俗支配権の頂点に立ち、戴冠のためにローマに赴いた。ローマ教皇とは叙任権問題等で対立が続き、破門と和解を繰り返した。

フリードリヒ2世と思われる貴族（中央で鷹を持っている）（聖フラビアーノ大聖堂→第5章、研究ノート）

✤国王・諸侯

11世紀以降、ローマ教皇の呼びかけに応じて、多くの国王・諸侯が武装した部下の領主を引き連れて十字軍に参加し、フランチジェナ街道を往来した。フランチジェナ街道沿いにあるいくつかの教会や修道院には、エルサレムに向かう国王・諸侯が従者や馬と共に宿泊した記録が残っている。

数々の国王・諸侯が宿泊したサン・ペレグリーノ教会（→第9章）

✤商人

中世においては遠隔地貿易が盛んになり、商人は、フランチジェナ街道を通って、毛織物、燻製の肉や魚、塩、香辛料などを各地に運んだ。しかし当時は、追い剥ぎや盗賊が多く、往来は命がけであった。街道沿いの都市シエナは、貿易に必要な手形決済などの銀行業や商業により栄華を誇った。

モンテ・デイ・パスキ・ディ・シエナ銀行本店（→第11章。1472年創業で、現存する世界最古の銀行である。その前の像は17世紀の会計学者サルスティオ・バンディーニ）

✤山賊

　人の往来増加に伴い、フランチジェナ街道には、しばしば山賊が出現した。出自は経済的に困窮した騎士や元傭兵、罪を犯したり借財したりして地元を逃亡した農民など、様々であった。ラディコーファニを拠点に「トスカーナのロビンフッド」として知られた義賊ギーノ・ディ・タッコも、元は貴族出身だった。

山賊でありながら中世から現在まで愛されているギーノ・ディ・タッコの像（ラディコーファニ→コラムP92）

✤巡礼者

　中世の巡礼は過酷そのもので、山賊、飢え、病いなど様々な危険と隣り合わせであった。記録に残る一般的な服装は、ゆるやかなマントや長めのスモック、フードなどを羽織り、つば広の帽子と杖というスタイルで、僅かな食料とお金を皮袋に入れてベルトに下げ、全身土埃だらけで何日も歩き続けた。

壁画に描かれている巡礼者（ストリ「安産の聖母の礼拝堂」→第3章）

フランチジェナ街道の歩き方

　全長約1700kmもの距離を一気に歩くためには、時間的余裕が必要である。そこで、興味が湧いた街を中心に一部を無理なく歩くことをおすすめしたい。

　筆者の場合は、週末に一定区間（約20km〜30km）を歩くことを繰り返し、ローマからシエナまで約280kmを北上した。具体的には、妻に早朝スタート地点までローマから車で送ってもらい、夕方頃、予め設定したゴール地点まで迎えに来てもらった。次回はこのゴール地点からスタートして、シエナ方面に歩いたわけである。

　旅行者が街道の一部のみを歩く場合には、レンタカーを使う手もあるが、鉄道駅のある街をスタートとゴール地点に選ぶと効率的だ。本書に登場する街の中では、鉄道で気軽に行ける街として、ヴィテルボとシエナを挙げたい。

　ヴィテルボはローマから北に100kmほど、ローマ・テルミニ駅から列車で約2時間の場所にあり、中世の趣溢れる旧市街が非常に魅力的だ（4章参照）。ワインで有名なモンテフィアスコーネの街へも約18kmと、歩くのに丁度良い距離である（5章参照）。また、ヴィテルボには政府公認の旅行ガイドの方がいて、各種アレンジを依頼することも可能である（日本語も堪能な Susanna Biganzoli さん／ http://www.italiatuscia.com）。シエナの街はローマから列車で3時間半ほどである（11章参照）。途中乗り換え駅のフィレンツェまでは日立製の車両の高速鉄道（フレッチャロッサ）が頻繁に出ていて便利である。本数は少ないものの、高速バスでもローマから約3時間で到着する。近隣の街ブオンコンヴェント駅までは、シエナから列車で約30分である（10章参照）。

　実際にフランチジェナ街道を歩きたいと思った方は、事前に欧州フランチジェナ協会（EAVF）の公式ホームページを確認してほしい（「は

じめに」参照）。

　このホームページにはフランチジェナ街道の概要、ルート説明など、歩くための情報が網羅されている。様々な公式グッズもあり、中でも筆者のおすすめは、「巡礼パスポート」（Credenziale）というスタンプ帳である。これは後にフランチジェナ街道を歩いた証明にもなり、道中で様々な特典を受けるための会員証の役割も果たす。

　フランチジェナ街道のスタンプは、街道沿いの観光案内所やタバッキ（Tabacchi: 雑貨屋兼たばこ屋）、バル（Bar:カフェ）等にある。スタンプは全てオリジナルのご当地スタンプである。

　更に、フランチジェナ街道を歩くからには是非手に入れたいのが、バチカンでもらえる「巡礼証明書」（Testimonium）である。フランチジェナ街道のうち、100km以上踏破（自転車の場合には200km以上走破）した人は、サン・ピエトロ大聖堂で各地のスタンプが押された「巡礼パスポート」を提示すると、名前入りの「巡礼証明書」を発行してもらうことができる（129頁参照）。この証明書は、踏破の何よりの記念である。

巡礼パスポート

巡礼証明書

1. 旅の始まり・ローマ

Siena

Roma

ヴィテルボ

カプラーニカ

カンパニャーノ・
ディ・ローマ

ラ・ストルタ

ローマ

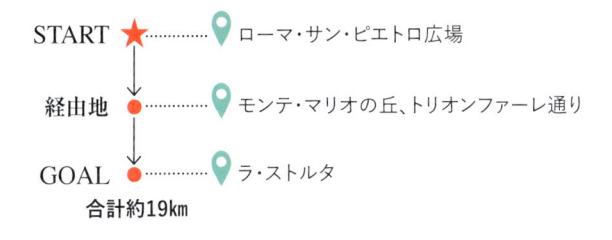

START	★	ローマ・サン・ピエトロ広場
経由地	●	モンテ・マリオの丘、トリオンファーレ通り
GOAL	●	ラ・ストルタ

合計約19km

左:ラ・ストルタに通じる道に並ぶローマの松並木
右:コロナ禍で人一人いないスペイン階段

　コロナ禍が最も苛烈を極めた2020年が明け、翌2021年1月、ローマはまだロックダウン下にあった。学校はオンライン、店の多くは閉鎖または出入りを制限され、街からは人が消えていた。人々は、通勤や買い物、運動、ペットの散歩以外の外出は極力控え、できる限り他人との接触を避けていた。通常なら多くの人で賑わうスペイン広場、パンテオン、コロッセオといった名だたる観光地にも人影はなく、当時はこのような異様な光景が日常となっていた。

　当時イタリアでは、新型コロナ感染予防のため、人々が多数集まる行事の開催は禁止されていた。バチカンにおいても、儀式の規模は大幅に縮小され、前年の復活祭ですら、第266代教皇フランチェスコがこの広場においてたった1人で執り行ったのだった。

　筆者がフランチジェナ街道を歩き始めたのは、このような時期であった。運動のため外出することは許可されており、実際、人との接触を避けて外を歩くことは感染リスクが低かったが、この日のサン・ピエトロ広場には誰もおらず、寂しさが募るばかりであった。また本来、フランチジェナ街道はローマを目指すもので、ここサン・ピエトロ大聖堂こそが巡礼者の目的地なのだが、ローマ在勤の筆者は、逆にここからスタートし巡礼者の復路を巡ることとした。

誰もいないサン・ピエトロ広場。楕円形に建てられた左右の回廊は、あたかも広場の信者達を腕に抱くような設計で、その上には140体の聖人像が並ぶ。中央のオベリスクは、エジプトのアレクサンドリアから紀元40年頃にローマへ運ばれ、16世紀後半にここに移設されたものである。

❧ モンテ・マリオの丘 ❧

　まずはサン・ピエトロ大聖堂の裏手に向かい、高台の高級住宅街であるモンテ・マリオの丘を上る。ここは観光客にはあまり知られていないが、ローマ全体を一望の下に見渡せる絶好の場所である。坂の途中にある絶景ポイントからは、ローマのチェントロ（Centro：中心部）と弧を描きながら悠然と流れゆくテヴェレ川が一望できる。ローマを目指してフランチ

ジェナ街道を歩いてきた巡礼者は、ここでサン・ピエトロ大聖堂の大クーポラ（ドーム型の天井）を初めて目にすることになる。その美しさを前に、長い旅があと1歩で終了することを神に感謝したことであろう。周囲には豊かな自然が今も残っており、近隣住民の手軽な散歩コースとなっている。たまにジョギングをしたり、犬を散歩させたりする住民に出会うと、「ボンジョールノ」と挨拶をしてくれる。実際に人と出会うと少しほっとした気分になった。

　ちなみにこの丘からは、ムッソリーニ時代に作られたスポーツ施設群がすぐ近くに見える。1960年のローマオリンピックでは、メイン会場となった場所である。その先の石橋は、紀元前2世紀に造られたミルヴィオ橋である。崩壊と改修を経ながら、現在も人が往来する。312年には、この橋を舞台に、キリスト教の神から啓示を受けたローマ皇帝コンスタンティヌス1世が政敵マクセンティウスと戦って勝利を収めた。この戦いは、同皇帝がキリスト教を公認したきっかけとして、数多くの絵画に描かれている。

モンテ・マリオの丘から眺めたミルヴィオ橋方面。中央左手はスタディオ・オリンピコ。サッカークラブの強豪「ASローマ」の本拠地でもある。その奥の白い建物はイタリア外務・国際協力省。元はファシスト党本部として使われる予定だった。

ミルヴィオ橋北端にあるヴァラディエの塔。ミルヴィオ橋は、現在では歩行者専用の橋となっている。写真の塔は、1805年、教皇ピウス7世の命により建築家ジュゼッペ・ヴァラディエが建てたもの。右の彫像は、洗礼者ヨハネ。

トリオンファーレ通り

　モンテ・マリオの丘を越えるとトリオンファーレ通りに出る。この道は、かつてローマとその北に位置するエトルリアの都市ヴェイイを結んでいた。古くは「勝利の道」（Via Triumphalis）と呼ばれた道で、これは紀元前396年、共和政ローマがヴェイイに勝利した際、将軍がここを通ってローマの中心カンピドーリオの丘まで凱旋したことに因んだものである。

　この古代ローマ時代の名残で、現在も通り沿いの建物の地番は、カンピドーリオの丘までの距離がそのまま番地になっており、番号順ではない。

トリオンファーレ通りで見つけたプレート。「数字はカンピドーリオの丘までのメートル数を表しています」とある。利便性を度外視して、今もなおローマ中心との繋りを強調しているところがユニークである。

ラ・ストルタ

　大都市ローマの市街地を抜け、ローマ環状道路（GRA）を越えて更に北にしばらく進むと、ラ・ストルタの街である。

　この地名の由来には諸説あるようだが、ローマから北へ延びる旧カッシア街道がここでよじれて（ストルタは「よじる」という意味）、旧クローディア街道に分岐する場所だから、という説が有力なようである。古代からローマ中心部に入る手前の宿場町であり、ローマ帝国時代には、全土に皇帝の命令を伝える伝令使の事務所があった。東海道五十三次でいえば、江戸の手前の品川宿に相当するだろうか。現在ではローマ近郊のベッドタウンとなっており、中心地にはローマ有数の国際学校であるセント・ジョージ・ブリティッシュ・スクールのメインキャンパスがある。

　見どころはラ・ストルタ駅前、カッシア街道沿いにある小さな礼拝

堂である。「示現の礼拝堂」と呼ばれ、1537年、聖イグナチオ・デ・ロヨラがローマに同志とともに向かう途中に祈りを捧げた際、御父とキリストが現れ、御父が聖イグナチオをキリストの側に置いたことを悟ったとされる場所

示現の礼拝堂。ラ・ストルタ駅前のカッシア街道沿いに位置する。エピファニア（公現祭：1月6日）の前なのでクリスマスの装飾が置かれている。

である。聖イグナチオは、この出来事により、ローマで望みが叶えられることを確信し、実際その通りになった。ローマ到着後教皇パウロ3世に拝謁を許され、イエズス会の創設が認可されたのだ。これは「ラ・ストルタの示現」と呼ばれる奇跡であり、数々の宗教画に描かれている。

　このラ・ストルタでもう一つ忘れてはならないのは、1944年6月4日、ローマを解放した連合軍から北へ逃走するナチス・ドイツ軍が、拘束していたレジスタンスら14名をこの地で銃殺した事件である。レジスタンスらはローマから連行されてきたのだが、おそらく足手まといになったのであろう。イタリアでは、1943年に連合国に降伏後、全土でファシズムに対する激しい抵抗運動が発生、各地で多くの犠牲者を出した。現在のイタリア共和国は、こうした尊い犠牲の上に成り立っている。

　今回は、ローマからラ・ストルタまで約19kmを5時間かけて歩いた。振り返ると、モンテ・マリオの丘からこのラ・ストルタまで、所々に歴史的な場所が現れて、全く退屈することはなかった。どれも興味深いものだったが、これらの旧跡が日本であまり知られていないのは、悠久の歴史を有するイタリアにおいて、素晴らしい旧跡があまりにも多すぎるためかもしれない。

2. 古代エトルリア文明の地へ

Siena

Roma

カプラーニカ

カンパニャーノ・ディ・ローマ

ラ・ストルタ

ローマ

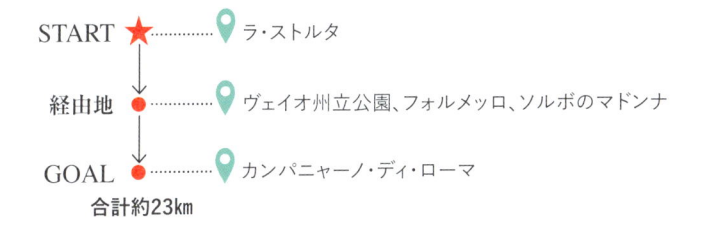

START ★ ┈┈┈ ラ・ストルタ

経由地 ● ┈┈┈ ヴェイオ州立公園、フォルメッロ、ソルボのマドンナ

GOAL ● ┈┈┈ カンパニャーノ・ディ・ローマ

合計約23km

左：ヴェイオの地に咲き誇る花
右：ヴェイオ州立公園の標識と出土したアポロ神（紀元前6世紀。ヴィラ・ジュリア国立博物館所蔵）

　今回はラ・ストルタから郊外へ進み、カンパニャーノ・ディ・ローマを目指す。途中にある広大なヴェイオ州立公園には、豊富な水源に恵まれた地域がある。ここはかつて古代エトルリア人の都市として栄えた場所であり、コース上の見どころの一つである。街道沿いの街と街の間には緑豊かな田園風景が広がっている。比較的歩きやすいが、フォルメッロからは起伏があり、カンパニャーノ・ディ・ローマまでの間、200mほど登らなければならない。

❧ ヴェイオ州立公園 ❧

　早朝、前回のゴール地点であるラ・ストルタ駅に降り立つ。駅前の「示現の礼拝堂」から約30分歩くと、中世の城が見えてくる。ローマ貴族のオルシーニ家やファルネーゼ家が所有していた城で、今はイベント会場として使われている。この城の先が、広大なヴェイオ州立公園である。

　この公園内に、共和政ローマ以前に栄えたエトルリア人の都市ヴェイイがあった。イタリア最古の都市の一つである。実際に歩いてみると、渓谷を流れる川に囲まれた高台に位置し、防御しやすく、しかも水が豊富で生活に困らない場所であることがよく分かる。その歴史は青銅器時代にまで遡る。紀元前1000年頃、人口増加に伴い一部のエトルリア人がここからオルヴィエート等、6つの周辺地域に移り住んだが、その後もこのヴェイイの地は引き続き発展、アポロ神殿などが建設された。

　公園内には、ネクロポリス（共同墓地）やアポロ神殿などの遺跡があり、岩を切り崩して作られた水路も残っている。公園入口付近にある滝や木々、そして高台を歩きながら感じる大空と地面が、ラ・ストルタの喧噪を忘れさせてくれた。

ヴェイオ州立公園入口付近にある滝。この近くにアポロ神殿跡があるのだが、訪れた日は閉鎖中であった。

　ヴェイオ州立公園の考古学地域を抜けてしばらく田園風景の中を歩く。やがて住宅の数が増えてくると、そこがフォルメッロの街である。

　フォルメッロの中心部には中世の旧市街が残っており、広場にはキージ宮やサン・ロレンツォ・マールティレ教会がある。内部に入ると木製格子の天井が重厚感を与えている。

　キージ宮は現在、地域の博物館兼図書室として使われており、1階の近代的な図書室の隣には、古代ローマ時代の美しい彫刻がある石棺や考古学地域からの貴重な出土品が展示されている。正に古代と現代が同居している場所だ。フランチジェナ街道を記念して最近造られた階段を上ると、屋上からは、素晴らしい眺望を楽しむことができる。

　街の入口には、18世紀に作られた泉であるフォンタナ・ディ・フォルデポルタがある。今も豊富に水をたたえており、1950年代まで、フォルメッロの住人の主要な水源だったそうだ。ただ、ある種のミネラル分が豊富で、定期的に飲み続けると歯に黒ずみができてしまうらしい。

サン・ロレンツォ・マールティレ教会。この教会の設計者はミケランジェロの協力者であるグイデット・グイデッティと見られている。

キージ宮に保存されている
古代ローマ時代の石棺

キージ宮。旧市街の広場に面している。隣の教会は、サン・ロレンツォ・マールティレ教会。

キージ宮屋上から南方向の眺め。緑が広がっている辺りが旧ヴェイイであり、その先はローマ市内。

フォンタナ・ディ・フォルデポルタ。泉の前は広場になっている。

放し飼いにされている牛。マレンマ牛というエトルリア以来の古い品種である。非常に素朴で病気や過酷な気候に耐性がある。

ソルボのマドンナ

フォルメッロを後にし、急勾配を登る。この辺りはソルボ渓谷と呼ばれる場所で、放し飼いされた馬や牛がのんびりと歩いているのに遭遇する。しばらく進むと道端に十字架が現れ、その先には、「ソルボのマドンナの聖堂」がある。

このソルボのマドンナには、古くからの言い伝えがある。かつてこの辺りにいた手のない豚飼が、ある日雌豚に導かれて山に入ると、美しい聖母マドンナを描いたイコン（聖母像）が現れた。豚飼は驚き恐れ一心に祈ると、やがて「ここに教会を建てなさい。周囲の人を信じさせるため、あなたの腕を袋に入れてみなさい。奇跡が現れます」という声を聞いた。豚飼は急いでフォルメッロの街に行き、聖母の声に従って袋に腕を入れてからそっと引き抜いてみると、今までなかった手が現れるという奇跡が起きた。それで人々は、このお告げを信じたというのである。

その後人々はソルボ渓谷に入ってこのイコンを見つけたが、「この立派なイコンは、フォルメッロに持ち帰るべきではないか」と議論になったところ、翌朝イコンは消えてしまった。慌てて探し出した後、人々は豚飼が聞いたお告げの通り、この山奥に聖堂を建てた、という伝説である。

確かにこの聖堂は渓谷の奥深くにあり、周囲は静寂に包まれている。聖堂が建てられたのは1427年。イコンの中の聖母の目は大きく見開いてこちらを見つめており、素朴で深い色合いが印象的である。

ソルボのマドンナの
聖堂入口付近にある
十字架

ソルボのマドンナの聖
堂。筆者が訪れた際、
聖堂内では1人の信
者が熱心に祈りを捧
げていた。

⤜ カンパニャーノ・ディ・ローマ ⤛

　ここまで、ラ・ストルタから歩き始めて5時間ほど。次に目指すは、
カンパニャーノ・ディ・ローマである。ソルボのマドンナの聖堂から
しばらく先に進むと、徐々に住宅が増えてくるが、なかなか旧市街に
辿り着かない。山道を歩いて疲れた脚には堪えた。

　ようやく辿り着いたカンパニャーノ・ディ・ローマは、フォルメッ
ロよりも大きな街で、旧市街入口の門もなかなか立派である。ローマ
門と呼ばれているこの門は、1714年、オルシーニ家に代わって新たな

領主となったキージ家が一から作らせて、1735年にようやく建造が終了した。

　この街の名前は、古代ローマにまで遡る「フンドゥス・カンパニアヌス（Fundus Campanianus）」という農地の名前に由来する。その後、大理石の採掘場所として発展、中世にはカルチョーフィ（Carciofi）とワインが名産の農業地域となった。カルチョーフィは、古代ギリシャ・ローマ時代からある野菜であり、紀元1世紀にはエジプトでも食されていたとの記録がある。食物繊維とミネラル分が豊富で、免疫力の改善、利尿作用、解毒作用があるとされており、イタリアでは今でも広く食されている。

　今回は、このローマ門がゴールである。フォルメッロからアップダウンがあってきつく感じられたが、エトルリア以来の悠久の歴史と自然公園内の雄大な自然を満喫した1日となった。ローマに近い旧ヴェイイ周辺の考古学地域のみ歩いてみるのも、手軽でよいと感じた。

カンパニャーノ・ディ・ローマのローマ門。門の先には旧市街が広がり、5分ほど歩くと広場に出て、頂上に鐘の石彫を頂いたイルカの噴水や市庁舎がある。

ローマの市場で売られていたカルチョーフィ。日本では「アーティチョーク」と呼ばれることが多い。秋から春のシーズンには山積みになって売られている。

3. 大空と大地に挟まれて

Siena

Roma

カプラーニカ

カンパニャーノ・ディ・ローマ

ラ・ストルタ

ローマ

START	★	📍 カンパニャーノ・ディ・ローマ
経由地	●	📍 モンテ・ジェラートの滝、モンテローシ、ストリ
GOAL	●	📍 カプラーニカ

合計約32km

左：モンテローシ付近の平原とフランチジェナ街道
右：ストリ旧市街

　今回は、カンパニャーノ・ディ・ローマから山を下り、ローマの北にあるブラッチャーノ湖とヴィテルボの南にあるヴィーコ湖の間の平原を突っ切るコースである。周囲は大きく開けて遮る物がない中、大空と大地に挟まれながら進んでいくのは、爽快である。このコース上にも、エトルリア以来の歴史を有する街がいくつも点在しているが、距離が長いため、効率的に見どころを訪れる必要がある。総じて平坦な道が多く、歩きやすいコースである。

❧ モンテ・ジェラートの滝 ❧

カンパニャーノ・ディ・ローマを出発、1時間半ほど歩くと、モンテ・ジェラートの滝がある。この辺りはトレヤ渓谷州立自然公園として整備されており、紀元前1世紀の別荘遺跡、紀元8世紀の農業集落跡、最近まで活躍していた水車などが点在している。火山性の土地から迸るトレヤ川の豊富な水は、周囲の森林と共に爽やかな空気を生み出し訪れる人を和ませてくれる。豊かな自然に恵まれたこの場所は、昔から様々な映画の撮影場所としても使われたそうだ。

モンテ・ジェラートの滝。周辺は手軽なハイキングコースとなっている。約10km北側には、ローマ時代から栄えていたネピという街がある。ミネラル分が豊富な発泡水の産地として有名。

牧場の馬

厳寒の中を歩く人を見つめる牛。沿道には、牧場が広がっている。冬は、火山湖であるブラッチャーノ湖とヴィーコ湖の外輪山から吹き下ろす風が実に寒い。

　8kmほど歩いたところでカッシア街道を横切り、モンテローシの街に到着する。今のモンテローシは長閑な街であるが、かつてはローマ教皇の勢力と神聖ローマ皇帝の勢力がしばしば対峙した場所であった。1155年、ローマに向かっていた神聖ローマ皇帝フリードリヒ1世バルバロッサを怖れた教皇ハドリアヌス4世は、わざわざこのモンテローシの地まで迎えに来た。その約1世紀

聖ジュゼッペ教会。教会はギリシャ十字型のプランで、大きな八角形のドームと2本の横長の鐘楼が特徴的。

後、フリードリヒ1世バルバロッサの甥であるフリードリヒ2世はこの街に要塞を建設し、ローマ教皇インノケンティウス4世を牽制した。時代は下り、19世紀にナポレオン軍がイタリアに侵攻した際にも、この地で血みどろの戦いが繰り広げられたそうである。

　旧市街の入口には、街のシンボルとなっている聖ジュゼッペ教会があり、街を貫く道の反対側には、モンテローシ市役所がある。

モンテローシ市役所。市役所は、大きく堂々としており、フランチジェナ街道の看板が出迎えてくれる。

夕暮れ時のモンテローシ湖。都会の喧噪から離れた湖に夕日が静かに沈んでいく。

　　　　　街の近くには小さな火山性の湖、モンテローシ湖がある。ここには数多くの水生植物が生息し、多くの鳥が集まる。緑の草原と牧草地に囲まれたモンテローシ湖は、実に静かで美しい。

～ストリ～

　次に目指すストリの街までは、モンテローシから約10km。歩いた時期は2月。周囲を360度見渡しながら牧草地や畑の間を歩くのは心地よいが、時折吹き荒ぶ風が身体にこたえる。しばらくすると、丘の上に作られた堂々とした石造りの街が現れた。ストリの旧市街である。

　ストリという名前は、ローマ神話の農耕の神サトゥルヌスが作った街という伝承に由来するらしい。実際ストリ市の紋章には、馬に乗って手に3本の穂を持つサトゥルヌスが描かれている。ちなみに、ローマのフォロ・ロマーノには、ローマの国家金庫として重要であったサトゥルヌス神殿が残されている。

　ストリの街は当初エトルリア人が住み着き、紀元前383年に古代ローマによって征服された。道を挟んだ旧市街の反対側には、2000年以上前に天然の凝灰岩を掘っ

ストリの入口にある彫刻。サトゥルヌスは、確かに3本の穂を持っている。下にある「SUTRIUM」はストリのラテン語名。

上：円形劇場跡
中：ネクロポリス（共同墓地）
円形劇場は、紀元前1世紀から紀元1世紀の頃に建造されたものと推測されている。発見後、約100年を経過した1930年頃に発掘が終了した。隣接するネクロポリス入口にはつららが下がっていた。一帯は、ストリ考古学公園となっている。

て造られたという珍しい円形競技場跡が今も残されている。アリーナが一面緑で覆われている様が実に美しい。7000人以上を収容できたというから、相当大きなアリーナだったはずだ。

　またその脇には、ネクロポリス（共同墓地）が並んでいる。凝灰岩を掘って造られ、紀元前から紀元4世紀頃まで使われていた。

　このネクロポリスの一つに「安産の聖母の礼拝堂」がある。それ以前は、ミトラ教の礼拝堂として使われていた可能性もあるらしい。エトルリア人の墓地が、古代ローマ時代にはミトラ教、その後キリスト教の聖堂になったというわけだ。この地が常に様々な人が集まる要衝であったことを窺わ

「安産の聖母の礼拝堂」の内部。ミトラ教教会の特徴が残っている。中央には、名前の由来となったキリストの降臨が描かれているが、これは13世紀から14世紀にかけて描かれたものと推定されている。

中世の公共洗濯場。旧市街の広場の少し先にある。
この左側から、ストリ考古学公園を臨むことができる。

せる。伝説では、8世紀にフランク王国のシャルマーニュ大王の妹といわれるベルタが追放されてローマを目指す途中、ストリの洞窟で、後にパラディン（聖騎士）として大活躍するオルランドを産み落としたとされる。もしかしたら、その洞窟とは、このネクロポリスだったのかもしれない。

ꙮ カプラーニカ ꙮ

　今回は列車でローマに戻るため、鉄道駅のあるカプラーニカまで、あと9kmほどの距離を急ぎ歩かねばならない。ストリからは、渓谷に沿ったハイキング道を進む。途中小川が流れ、かわいらしい小さな白い花があちらこちらに咲いている。水は清らかだが冷たそうである。

　カプラーニカの街は、北に位置するヴィーコ湖のおかげで水が豊富な場所として昔から有名であった。1337年にカプラーニカを訪れた大詩人ペトラルカは「空気は温和で谷には甘い水が流れている」と手紙に記している。もっともペトラルカは「羊飼いは狼より泥棒を恐れている」とも記しており、当時この辺は物騒だったようだ。

ストリ郊外の小川沿いに咲く花

カプラーニカの市章には、雌ヤギが描かれている。子ヤギが加わったバージョンもある。ヤギはイタリア語でカプラ（Capra）なので、ヤギと関係がある街だったとの説がある。現在はローマからほど近い別荘地として、ゆったりと休暇を過ごす場所となっている。

　ペトラルカ通りに面した市役所脇の建物にはルネット（入口上部の半円形の装飾部分）があり、渦巻状の蔦と様々な獣や人が調和している精巧な彫刻が施

カプラーニカの紋章。
旧市街にある市役所入口に掛けられている。

されている。これをぼんやり鑑賞していると、にゃんこが隣接する建物の脇に作られた階段を下っていくではないか。後を追いかけていくと、ぱっと眺望が広がり、カプラーニカ旧市街脇の公園に出た。

美しいルネットを有する建物。猫が道の左側で遊んでいた。

旧市街脇の公園からの眺め。カプラーニカがそそり立った岩山に造られたことがよく分かる。

カプラーニカでは、あちらこちらでにゃんこがのんびり日向ぼっこをしており、ほのぼのとした気分になった。ここには、猫達のゆったりした時間が流れている。

　カプラーニカ＝ストリ駅は、カプラーニカ旧市街から更に 2 km ほど先である。イタリアの駅はどうして街はずれにあるのだろうかといつも不思議になるが、旧市街は全体が遺跡なので仕方がない。何とか列車の時間に間に合ったが、もう日は沈みかけていた。

　本日の踏破距離は約32kmと、充実した長めのコースであった。見どころは多いが駆け足で回ったため、また機会を改めてじっくりと訪れる必要がありそうだ。

カプラーニカ＝ストリ駅に到着した列車。
ローマ近郊を走る普通列車は 2 階建てとなっており、自転車を持ち込むことも可能。改札もない駅が多く、乗車後にチケットかスマホ上のバーコードを検札に来た車掌に見せる。

Sutri

街道のにゃんこ

Capranica

4. トゥーシアの中心地 ヴィテルボへ

ボルセーナ湖
モンテフィアスコーネ
ヴィテルボ
カプラーニカ
カンパニャーノ・
ディ・ローマ
ラ・ストルタ
ローマ

Siena
Roma

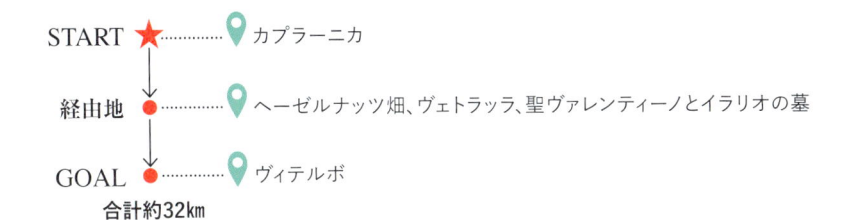

START ⭐	📍	カプラーニカ
経由地 🔴	📍	ヘーゼルナッツ畑、ヴェトラッラ、聖ヴァレンティーノとイラリオの墓
GOAL 🔴	📍	ヴィテルボ

合計約32km

左：サン・ロレンツォ大聖堂と教皇宮殿
右：クリスマス前で賑わうヴィテルボ旧市街

　今回は、カプラーニカからトゥーシア地方の中心ヴィテルボを目指すコースである。「トゥーシア」とは「エトルリア人が住む地域」という意味であったが、現在ではラツィオ州北部のヴィテルボ周辺を指す。エトルリア人やローマ時代の遺跡、教皇領や神聖ローマ帝国時代の遺跡が点在する歴史豊かな場所である。ヴェトラッラから先に進むとトゥーシア地方の大平原が広がり、遙か先にはモンテフィアスコーネが小さく見えてくる。

🐾 ヘーゼルナッツ畑 🐾

　前回のゴール地点だったカプラーニカ＝ストリ駅からヴェトラッラの街を目指して歩き始める。周囲にはこの地域の特産であるヘーゼルナッツ畑が一面に広がっている。

　ヘーゼルナッツは、垂れ下がった花から実がなり9月頃から収穫が始まる。昔は山地に自生していたが、1950年代以降、畑での栽培が広がった。

　ヴィテルボ方面に延びる線路を横切ると、廃墟となった建物が側にあり、いかにも寂しげである。その先には、オルランドの塔と呼ばれるローマ時代の墓があるが、荒れ果てている。やがて巨大なブナ林の中に入り、フランチジェナ街道の道標を頼りに進む。この辺りはヴィーコ湖を見下ろすフォリアーノ山の麓で、かつて聖人が修行を積んだ場所である。まだこの時期は、コロナ禍ということもあり、山中では誰ともすれ違わず不安な気持ちになった。

カプラーニカ周辺のヘーゼルナッツ畑。イタリア人が愛してやまないチョコレート風味のスプレッド「ヌテラ」（Nutella）には、ヘーゼルナッツが不可欠である。

ローマ・ヴィテルボ線踏切

❧ ヴェトラッラ ❧

　ヴェトラッラは、ストリやカプラーニカと同じく丘の上に作られた街である。中世には教皇領に属しており、1145年、教皇エウゲニウス3世は、この地から第二次十字軍を呼びかけた。

　旧市街の外れには、13世紀に再建された聖フランチェスコ教会があり、フランチジェナ街道を行き交う巡礼者のために、今も宿を提供している。

ヴェトラッラ市役所。正面右はヴェトラッラの旗。白地に赤十字のイングランド旗の上に市章が描かれているが、これは1512年、教皇ユリウス2世がヴェトラッラを英国王ヘンリー8世に与えたため、一時期イングランド領になったことに由来する。

左：聖フランチェスコ教会　右：教会床の装飾
脇の入口を入ってすぐ右手にあるボックスに1ユーロコインを入れると、教会内の照明が点灯する。光に照らされたコズマテスコ様式の床が美しい。

フォリアーノ山麓の広大な森林は、ヴェトラッラの住民に豊かな自然の恵みをもたらした一方、北のヴィテルボと森の所有権を巡って争いが絶えなかった。この争いはなかなか決着しなかったが、ヴェトラッラ側が、少なくとも1368年以降、毎年5月8日に森林内の庵で大天使ミカエルを奉る宗教儀式を行っていた

コミュニティバスのバス停。丘の上にあるヴェトラッラでは、コミュニティバスが多くの市民の足として活躍している。

ことを立証したため、所有権の軍配はヴェトラッラ側に上がった。

それ以降ヴェトラッラは、何百年もの間、このフォリアーノ山麓で、この地の所有権を証明する権利書を更新する儀式を毎年行っている。2本の樫の木の前で行われるこの儀式は、「木の結婚」と呼ばれており、今ではヴェトラッラ市長以下、市民が参加する楽しい祭りとなっている。

聖ヴァレンティーノとイラリオの墓

ヴェトラッラの街からヴィテルボまでは約16kmある。現在のフランチジェナ街道は、ヴィーコ湖寄りにサン・マルティーノ・アル・チミーノの街を通る東寄りのルートとなっているが、筆者が歩いたのは西寄りの旧ルートだった。

途中、フランチジェナ街道のスタンプを門の前に設置して、誰でも自由に押せるようにしている家を発見。このような場所に巡り合うことは珍

スタンプを備え付けている家の壁。フランチジェナ街道を描いた素焼きが飾られていた。

しく、スタンプ好きとしては心憎い気配りに感激した。

ヴィテルボに近づくと、聖ヴァレンティーノとイラリオの墓がある墓地に到達。この2人は303年から305年の間に古代ローマ帝国のディオクレティアヌス帝による迫害を受け、この地域で最初に殉教した人物とされている。

～ ヴィテルボ ～

夕方、ようやくヴィテルボの街に到着した。ヴィテルボは、第二次世界大戦の末期に一部連合軍による爆撃を受けたが、中部イタリアにおいて最も良い状態で中世の町並みが残っている街として名高い。また1257年から1281年の間、教皇が居を構えたため、ローマ、アヴィニョンに次ぐ「第三の教皇の街」としても有名である。教皇を選出する会議である「コンクラーベ」（ラテン語で「鍵がかかった（cum clavi）」の意味）という言葉は、1268年に教皇クレメンス4世が逝去した後、なかなか

聖ヴァレンティーノとイラリオ墓地の入口。墓地内には地下にカタコンベ（共同墓地）があるようだが普段は入れない。すぐ北側には、「教皇の温泉」と呼ばれる有名な温泉施設がある。

フェレント考古学公園。古代ローマ時代の円形劇場が残されており、27本のアーチが並ぶ様が実に美しい。地元のボランティアの方々が管理しており、営業時間は季節により異なる。

教皇選出に至らない状況にヴィテルボ市民が怒り、枢機卿ら選挙団を宮殿に閉じ込めて鍵をかけた事件に由来する。その選挙団を閉じ込めた教皇宮殿は、今もこの街に残っている。

ヴィテルボという名前が初めて史実に登場するのは、773年にランゴバルド王がローマ攻略の前線基地として使用した時である。その後、西を通っていた旧カッシア街道が今のヴィテルボ市内を通るようになり、街道沿いの街として発展した。12世紀からヴィテルボの盛期が始まり、1172年にはヴィテルボの北約9kmに位置し、ローマ時代から栄えていたフェレントを滅ぼして、そのシンボルである椰子の木を市章に加えた。

13世紀前半のヴィテルボは、拡張傾向にあるローマへの対抗上、神聖ローマ皇帝フリードリヒ2世による支配を受け入れたが、1243年には同皇帝軍を撃退。13世紀後半には教皇の御座所となり、黄金期を迎えた。

その後は、トゥーシア地方の中心都市として存在感を示し続けた。今も市庁舎として使われているプリオーリ宮「地図の間」の天井には、当時ヴィテルボが支配した33もの城の絵が誇らしげに描かれている。

上：プリオーリ宮「地図の間」
下：プリオーリ宮前の広場
プリオーリ宮は13世紀後半、教皇座の所在地として相応しい街の庁舎として建設が始まった。1264年に完成したが、その後も増築が続けられ、16世紀に現在の姿となった。この時期ヴィテルボは、大学、病院の建設等が行われるなど、社会経済的に安定した時期であった。なお「地図の間」は、現在ヴィテルボ市の記者会見場として使用されている。

市庁舎の向かいにあるサンタンジェロ教会には、ガリアーナという名の美女の墓がファサードに据え付けられている。石棺にはローマ時代の見事な彫刻があり目を引く。伝説によると、ガリアーナは赤ワインを飲む際、喉が赤くなったのが分かるほど色白の美しい肌を持った女性だったため、生贄として白いイノシシに捧げられたが、間一髪でライオンに救われたという。だがその後ガリアーナは、ローマ貴族に見初められたが拒絶したため、最後は殺されてしまったそうだ。

　この美女伝説のせいか「ヴィテルボには美人が多い」という説がある。1831年にパリで出版された書籍『ローマについての統計学』では、ヴィテルボ人について「身長の高さ、形の美しさ、形質の規則性、表現の美しさにおいて、傑出している」と述べている。

市庁舎前のサンタンジェロ教会入口と、その右側にある石棺。ガリアーナの葬儀に使われたといわれており、表面にはイノシシ狩りの様子が彫られている。なおオリジナルはヴィテルボ市民博物館所蔵。

　中世においては、他にエトルリア由来の街がいくつも存在した中で、どうしてヴィテルボが突出して栄えたのだろうか。色々調べてみたところ、強固な城壁と清潔な水の存在がカギだったようである。

　11世紀から13世紀にかけて作られた全長約4kmの城壁は、今も健在で強固である。この城壁に守られた旧市街には、中心にあるフォンターナ・グランデ以外にもいくつかの噴水が残されているが、中世においては、「100の噴水の街」と呼ばれるほど噴水が多かったようだ。

衛生状態の悪い中世において、新鮮な水の確保は死活問題で、この点ヴィテルボは大変恵まれた街だったのであろう。

ヴィテルボといえば「教皇の街」であるが、一時は皇帝側についたこともあった。そのような歴史を踏まえて、毎年教皇派と皇帝派に分かれて争うイベント「ルディカ」が行われている。また市内の教会に祀られている教皇は、ダンテの『神曲』において地獄に落とされている教皇ばかりである上に、旧市街にはダンテの教皇批判を紹介する案内板が誇らしげに設置されている。これらはヴィテルボという街の懐の深さなのか、単にイタリア人のダンテ好きのためなのかは分からない。

本日の踏破距離は約32km。ヴィテルボは美食の街としても有名で、踏破後にどこで夕食を取るか考えながら歩くのも励みになった。

街の中心にある噴水「フォンターナ・グランデ」。現在の形に整備されたのは1212年。周囲は広場となっており、クリスマス前に訪れた際には、美しいポインセチアで彩られていた。

プリオーリ宮中庭の噴水。1624年に着工。ヴィテルボの紋章として使われている椰子の木とライオンからなる優雅な噴水である。噴水の先からは、ヴィテルボ西側のパノラマが見渡せる。

聖ローザの祭り

　ヴィテルボで歴史上最も有名な聖人といえば、ヴィテルボの守護聖人聖ローザであろう。この聖ローザを記念する祭りが、毎年盛大に開催されており、当日は国内外から何万人もの人がヴィテルボに集まる。

　この祭りは、聖ローザを祀った高さ約30m、重さ約5tの巨大な山車（マッキナと呼ばれている）を100名以上の屈強な男が担いで市内を練り歩くもので、世界無形文化遺産に指定されている。当日は全ての街灯が落とされ、中世さながらのヴィテルボの街を、多くの蝋燭に彩られた白亜の山車がおもむろに動いていく。街の建物よりも山車の方が高いので、遠目でも山車の先端に祀られた聖ローザの像が見える。それが揺られながらゆっくりと移動する様は、実に幻想的であり、あたかも中世の街の上を聖ローザが歩いているかのようで「神がヴィテルボの屋根の上にいるようだ」と評されている。

山車の全景。2015年から2023年まで使われたこの山車は「グローリア」と名付けられた。無数の照明により照らされた白亜の山車は、下から天使や噴水によって装飾され、先端の聖ローザの像へと続いている。

聖ローザは13世紀の人である。神聖ローマ皇帝フリードリヒ2世と教皇インノケンティウス4世が争う激動の時代において、宗教心篤く貧しい人々を心にかけ、平和のために力を尽くしたが、僅か18歳で早逝した。その後、1258年のある日、当時ヴィテルボに滞在していた教皇アレクサンデル4世は、聖ローザの夢を見た。この中で聖ローザは、生前入信を希望していた修道院に遺体を移

聖ローザ教会前の坂を上る様子。一番の難所とされており、勾配は約12％ある。山車の基部には2本のロープが取り付けられ、20人のポーターがこれを引っ張っている。後部には4本の木製レバーが差し込まれ、別の20人が押している。

してほしいと頼んだという。そこで教皇が聖ローザの墓を掘り起こさせたところ、死後数年経過していたにもかかわらず、遺体は全く腐敗しておらず、同年9月4日、遺体は丁寧に天蓋に乗せられ、故人の希望通り修道院に運ばれた。聖ローザの祭りは、この遺体を運んだ故事に因んだ祭りである。

山車は年を追うごとに大きく華やかなものに作り変えられてきた。実際に目にしてみると、その巨大さに驚く。これを倒さず運ぶためには、熟練した技が必要だ。担ぎ手はファッキーノと呼ばれる18歳以上35歳以下の若者で、150kmの箱を約90m運ぶというテストに合格した者から選ばれる。山車を担ぐのは命がけなので、それだけ選考基準も厳しいのだろう。聖ローザへの信心と責任感がなければ到底成し遂げられない役目であり、ファッキーノ達は、昔からヴィテルボ市民から尊敬を集めている。

9月3日午後9時。「聖ローザ万歳！」（Evviva Santa Rosa!）と市民が連呼する中、ファッキーノ達が1列ずつ所定の位置につく。やがてチーフポーターの指示で山車がふっと持ち上がり、おもむろに動き出すと、それまで盛り上がっていた観客や報道陣は一斉に無言となり、手に汗を握って食い入るように山車を見つめる。塔のように巨大な山車を人の力だけで運ぶのである。祭りの成功とファッキーノ達の無事を祈り、ヴィテルボ市民が心を1つにする瞬間である。

　祭りのクライマックスは、山車が最後に聖ローザの遺体が奉られている聖ローザ教会前の坂を上る瞬間である。滑らないようにと砂がまかれている坂を、ファッキーノ達がロープで前から山車を引っ張り、別のファッキーノ達が後ろから差し込まれた棒で押し上げて、高い山車のバランスを保つ。最大の難所であり、ファッキーノ達の腕の見せどころだ。誰もがハラハラする気持ちで見つめていると、山車が無事に到着した。教会前では今か今かと待ち構えていた市長以下関係者やファッキーノ達の家族が出迎え、歓喜と祝福で街中が大騒ぎとなった。

祭りの翌日に聖ローザ教会前に置かれた山車

中世のレストラン　イル・リキアストロ

　美食の街ヴィテルボには評判の良いレストランが多数あるが、中でも筆者のおすすめは、中世の料理を再現している唯一無二のレストラン「イル・リキアストロ」である。オロロージョ・ベッキオ通りからマッロッカ通りに入ると、通りを跨ぐアーチの下に、控えめに入口がある。美しい中庭の先がレストランだ。石造りの建物は、11世紀に建てられたマッツァトスタ宮の馬小屋を改造したものである。

イル・リキアストロの中庭。イタリアでは、庶民の創意工夫で生まれた家庭料理が美味しく、それが地元の名物料理になっていることが多い。中庭は、かつて通行人から見られることなく貴族がリラックスできるようにと工夫されており、今も寛いで食事を楽しむことができる。

前菜やスープ、パスタの一部が中世の貧しい農民が食べていたメニューだ。豆のスープや鶏レバーのパテは、貧しかった農民にとって重要なタンパク源だったという。コクがあって非常においしく、貴族が農民の真似をして、同じものを食べ出したというのも納得である。肉料理も提供しているが、こちらはヴィテルボ周辺の田舎料理を現代風にアレンジしたもの。当時農民は肉料理を楽しむ余裕はなかったようだ。食後には、スパイスが入った冷えた地元の赤ワインを試してみた。これも中世のデザートだったそうだ。

上：中世料理を再現したスープ4種「Assaggio delle 4 zuppa」14 €
①Ceci e catagne（ひよこ豆と栗）
②Renticchie funghi ed erbe di campo
　（レンズ豆、キノコ、野菜のハーブ）
③Fagioli e broccoletti
　（インゲン豆とブロッコリー）
④Cicerchie, cicoria, bieda rossa e patate
　（エンドウ豆、チコリ、赤ビーツ、ジャガイモ）

5. 前半のクライマックス・モンテフィアスコーネ

ボルセーナ湖

モンテフィアスコーネ

ヴィテルボ

カプラーニカ

カンパニャーノ・ディ・ローマ

ラ・ストルタ

ローマ

START ★ ········ 📍 ヴィテルボ・フィオレンティーナ門

経由地 ● ········ 📍 バニャッチョ、旧カッシア街道

GOAL ● ········ 📍 モンテフィアスコーネ

合計約18km

左：モンテフィアスコーネよりヴィテルボ方面を望む
右：モンテフィアスコーネから臨むボルセーナ湖

　今回は、トゥーシア地方の古都ヴィテルボから、中世において教皇が度々訪れたモンテフィアスコーネまでである。ボルセーナ湖の外輪山を緩やかに登っていくコースで、距離も比較的短く歩きやすい。途中にあるローマ時代の街道跡を体験できるのも楽しみである。モンテフィアスコーネにも見どころが多いので、十分に時間を取りたいところである。筆者も早朝にヴィテルボを出発した。

❧ フィオレンティーナ門 ❧

　前回ヴィテルボの旧市街を散策したので、今回は旧市街を取り囲む美しい城壁の北西にあるフィオレンティーナ門から出発した。フィオレンティーナ門とは、「フィレンツェに通じる門」という意味である。堂々とした黒ずんだ門には、かつてヴィテルボが征服したフェレントの市章である椰子の実とヘラクレスに由来する獅子を組み合わせた市章が彫られている。

フィオレンティーナ門。ヴィテルボの北の玄関口で18世紀に建てられた。隣には、教皇領を立て直したアルボルノス枢機卿（62頁参照）が14世紀に建造した砦があったが、その後破壊と改修が繰り返され、現在は国立エトルリア博物館となっている。

　ヴィテルボ市街を出ると、やがて「ローマ方面」という表示のある国道の入口を目にする。だがもし車でローマに行くのであれば、表示とは逆方向にある高速道路へ向かった方が断然早い。「全ての道はローマに通ず」とは言うものの、イタリアでは「ローマ方面」という標識があっても、ローマへの最短距離でないことが多々あるので要注意だ。

❧ バニャッチョ ❧

　更に北上すると、微かに硫黄臭が漂ってくる。ここは、フィオレンティーナ門からは約6

バニャッチョ温泉スパ跡

km 北にあるバニャッチョと呼ばれる地域で、中世の時代には、フランチジェナ街道を往来する巡礼者がしばしば体を休めたところである。かつてミケランジェロは、この辺りに残っていたローマ時代の遺跡をスケッチに残しているが、現在は、これがローマ時代のスパ跡だとはとても分からないような遺構が寂しげに残っているだけである。

プリカメ温泉。フランチジェナ街道の近くにある無料の野外温泉。ダンテ『神曲』の地獄編において描かれているが、現在では地元の人が水着着用で温泉を楽しんでいる。写真はその源泉。

～ 旧カッシア街道 ～

　モンテフィアスコーネまで、あまり起伏のない緩やかな登りが続く。途中、ローマ時代に作られた旧カッシア街道を歩く部分がある。石で舗装された古道は、荷馬車が行き交うことができるよう、馬車２台分の幅に作られたものだそうだが、実際に歩いてみると、意外と狭い。かつては皇帝も巡礼者も皆この道を通ったのかと思うと、感慨深い。

旧カッシア街道（左）と街道沿いの聖母マリア像（右）

旧カッシア街道は、ローマから北上し、昔のエトルリア地方の主要都市を結んだ幹線道路。ローマからボルセーナまでは、フランチジェナ街道とほぼ一致している。現在の「新」カッシア街道の正式名称は、「州道２号線（SS2）」である。

更に進むと、遠くに見えたモンテフィアスコーネの街が徐々に大きくなってくる。モンテフィアスコーネのシンボル、聖マルゲリータ大聖堂のクーポラが遠目にも際立って大きく見える。

聖マルゲリータ大聖堂のクーポラ。直径27mもあり、トゥーシア地方を悠然と見下ろしている。

❧ モンテフィアスコーネ ❧

大聖堂が目の前に迫り最後の急勾配を登り切ると、遂にモンテフィアスコーネの街である。旧市街は高台にあり、カルデラ湖であるボルセーナ湖を見下ろす絶景の場所にある。ちなみに街の随所に「ローマの聖ピエトロの墓まであと100km！」との表示があるが、実際の距離は約124kmである。

モンテフィアスコーネの名を世界的に有名にしたのは、地元産の白ワイン「エスト！エスト!!エスト!!!」（Est! Est!! Est!!!）である。この面白い名前を有するワインは、生産量が多いせい

巡礼者の記念碑とボルセーナ湖。旧市街の絶景ポイントである「教皇の砦」付近にある。下の台座には「これまでの歩みを忘れ、残した足跡を思い出してください」と刻まれている。奥に見えるのがボルセーナ湖。

ワイナリーの地下セラー。旧市街にある
このワイナリーでは、4世代に亘って「エ
スト! エスト!! エスト!!!」を作り続けてい
る。エチケット（ワインのラベル）には、
1527年にローマ劫掠を行った神聖ロー
マ皇帝カール5世の軍隊が帰途この地
に立ち寄った際、市民が噴水からワイン
を吹き出させるという大胆な方法でもて
なし穏便に帰らせた、との逸話を描いた
当時の絵が使われている。

か「世界一有名だが、世界
一凡庸なワイン」などと酷
評されることもある。だが、
地元ワイナリーが出す「エ
スト! エスト!! エスト!!!」
は実に素晴らしく、ミネラ
ルの香りを含む柑橘系のさ
わやかな酸味が、ボルセー
ナ湖の魚料理やエビなどの
甲殻類などとぴったり合う。
高い品質のものは、地元で
消費されて外にあまり出回
らないのかもしれない。ち
なみに米国TVドラマ『刑
事コロンボ』の「別れのワ
イン」という回に甘口のワ
インとして登場するが、通
常は辛口である。
　この「エスト! エスト!!
エスト!!!」という名前の
由来も、実に面白い。その
昔、ワイン好きの司教が

モンテフィアスコーネ市役所付近に描かれている壁
画。収穫されたブドウを乙女が踏み潰し、発酵に必
要な果汁を取り出している。

ローマに赴くことになったので、従者を先に行かせ、途中で美味しいワインがある場所を見つけたら、目印をつけて教えるように指示した。この従者が、モンテフィアスコーネに到着しワインを飲んだところあまりにも美味しいので、「Est! Est!! Est!!!」（ラテン語で「ここ！ここ!! ここ!!!」の意）と感嘆符付きで3回も繰り返して目印をつけたのだ。後で到着した司教は、このワインをたいそう気に入り、ローマでの用務を済ませた後はこの地モンテフィアスコーネに住み着いた。よほど美味しかったのであろう。ところがその後、飲み過ぎが原因で1113年に亡くなったという。この飲み過ぎで亡くなった司教は、ドイツのヨハン・ドゥフック司教とされ、その墓は旧市街から坂を下った場所に建つ聖フラビアーノ大聖堂にあるというから、尚更興味深い。

　この大聖堂は、ロマネスク様式とゴシック様式が組み合わされたユニークな構造をしており、内部には美しいフレスコ画が壁一面に描かれていて圧倒される。この中に、中世ペストの時代に流行した「三人の騎士と三人の骸骨の出会い」を描いた壁画があり、この騎士は神聖ローマ皇帝フリードリヒ2世だという説がある。当時、モンテフィアスコーネは教皇領だった筈なのに、なぜ敵対する神聖ローマ皇帝が描かれたのだろうか。これについては後ほど論じてみたい（137頁参照）。

聖フラビアーノ大聖堂。外観は過剰な装飾がなく無骨な雰囲気も漂うが、実際には1枚の写真に収めるのが難しいほど大きく堂々としている。

聖フラビアーノ大聖堂の壁画

幼児虐殺が描かれたフレスコ画の前に置かれている聖母マリア像。

祭壇奥の後陣（アプス）。キリストの下に白馬に跨がった聖フラビアーノが描かれている。

「エスト! エスト!! エスト!!!」をこよなく愛したドゥフック司教の墓。

サンタクロースのモデルとなった聖ニコラスなどの聖人が描かれている。

洗礼の場面。頭部に注がれる水が石彫で表現されている。

モンテフィアスコーネ旧市街にて

　モンテフィアスコーネの街も、その歴史はエトルリア時代に遡る。中世初期には神聖ローマ帝国と教皇領の境界に位置していることから、両者間の戦闘に巻き込まれた。その後モンテフィアスコーネはローマ教皇のアヴィニョン捕囚時代（1309年〜1377年）、歴史的に重要な役割を果たした。

　当時ローマ教皇は、モンテフィアスコーネにある「教皇の砦」に代理人をおき、「聖ペテロ世襲領」と呼ばれる教皇領の中心地域を治めた。1353年、教皇から特使に任命されたスペイン出身のアルボルノス枢機卿は、この「教皇の砦」を拠点に、分裂状態にあった教皇領の再統一を成し遂げ、平定後は各地に城塞を築いてこれを維持した。つまりモンテフィアスコーネは、当時教皇領の中心地だったのである。この小さな町に似合わない巨大なクーポラを頂く聖マルゲリータ大聖堂が14世紀以降再建されたのも、教皇領の重要な拠点だったからである。

　モンテフィアスコーネは、ローマから約100km 以上離れているが、当時、利便性の高い旧カッシア街道沿いに位置する交通の要衝として、東のオルヴィエートやペルージャ、更にはボローニャといった教皇領

内主要都市にも通じていた。それに加えて、ボルセーナ湖を見下ろす風光明媚な街であること、そして何よりもここには美味しい白ワインがあるとなれば、歴代教皇が好んだのも無理はない。

それにしても、そのような激動の時代があったとは思えないほど、現在のモンテフィアスコーネは静かで美しい。本日の踏破距離は約18km。歩いた後は当然地元産の「エスト! エスト!! エスト!!!」で乾杯である。

モンテフィアスコーネの日没を撮る筆者

6. ボルセーナ湖沿いに

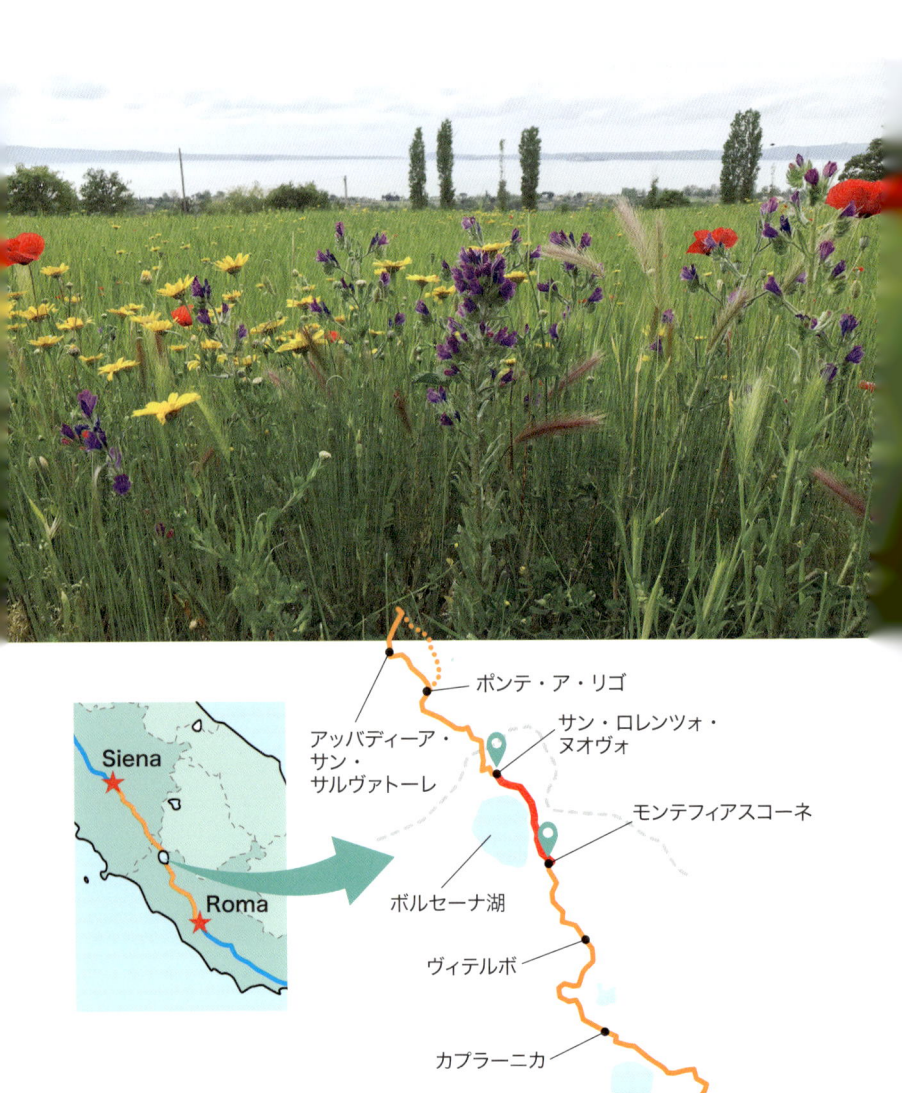

ポンテ・ア・リゴ

アッバディーア・
サン・
サルヴァトーレ

サン・ロレンツォ・
ヌオヴォ

モンテフィアスコーネ

ボルセーナ湖

ヴィテルボ

カプラーニカ

Siena

Roma

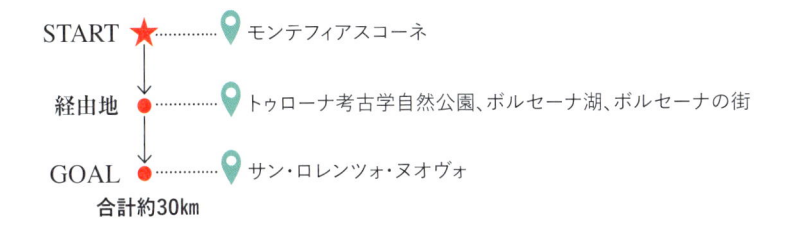

START ★	●	モンテフィアスコーネ
経由地	●	トゥローナ考古学自然公園、ボルセーナ湖、ボルセーナの街
GOAL	●	サン・ロレンツォ・ヌオヴォ

合計約30km

左：湖畔に咲き乱れる花
右：高台から臨むボルセーナの街

　今回は、モンテフィアスコーネから湖畔沿いに北上し、伝説に彩られたボルセーナの街を経て、湖を取り巻く外輪山の上に位置するサン・ロレンツォ・ヌオヴォまでを歩く。最初平坦な街道を進むと、湖が長年育んできた大自然が様々な姿に変化して現れ、目を楽しませてくれる。途中のボルセーナの街では、ローマ時代にまで遡る歴史に思いを馳せながら少し休憩するのも良い。ボルセーナからサン・ロレンツォ・ヌオヴォまでの間には、やや傾斜がきつい部分がある。

⚘ トゥローナ考古学自然公園 ⚘

　早朝、聖フラビアーノ大聖堂を出発して坂を下っていくと、すぐにボルセーナ湖が目の前に見えてくる。振り返ると、丘の上にモンテフィアスコーネの街が高く聳えている。

　しばらく農家や畑が点在する単調な道が続き、やがてトゥローナ考古学自然公園に入る。この辺りにもエトルリア人の墓地や神殿等の建物跡があるそうだ。林に囲ま

トゥローナ考古学自然公園。周囲は林に囲まれ、またボルセーナ湖にも近く、絶好のハイキングスポットである。

れた場所で、空気も清々しい。園内を流れる清流にはヴォルシーニ山地特有の生き物が多数生息しており、アオサギやシジュウカラ、アオガエルやダルマガエル、更にはカワガニやウナギ、マスなども見られるという。

新緑に覆われた畑とボルセーナ湖

⚘ ボルセーナ湖 ⚘

　自然公園を抜けると、再び大きなボルセーナ湖が目の前に現れる。その湖畔を左手に見ながら進む。ボルセーナ湖は約37万年前の火山活動によってできたヨーロッパ最大の火山湖で、地下に存在した大量の物質が流出し、地盤が空洞化したことで

ボルセーナ近くで放牧されている羊

地面が崩壊・陥没して形成された。対岸まで約10km、水深は最も深いところで約150mあり、水質が大変良く透明度が高いことで有名である。かつて詩人ペトラルカ、ドイツの作家ゲーテ、イギリスの画家ターナーもここを訪れ、フランスの音楽家ベルリオーズは「楽しいエデン（楽園）」と表現するなど古くから名の知れた湖である。

　名産は、この湖で獲れる鰻。煮込みやグリルで食す料理が美味しい。ダンテの『神曲』では、13世紀後半のローマ教皇マルティヌス４世がボルセーナ産の鰻を食べ過ぎたため飽食の罪に問われ、煉獄（天国と地獄の間）で日々贖罪させられている。

❧ボルセーナの街❧

　トゥローナ考古学自然公園から歩くこと約６km。ボルセーナの街に到着した。湖畔にある美しいこの街も、昔からカトリックと深く結びついていて、４世紀はじめにこの地で殉教したとされる守護聖人、聖クリスティーナの伝説が有名である。11歳の少女だった（年齢については諸説あり）聖クリスティーナは、当時ローマで弾圧されていたキリスト教を信じたことで、この地の権力者だった父から残忍な方法で何度も殺されかけたが、その度に天使によって助けられた。最後は矢で射られて殉教し、その後この伝説は「処女の殉教物語」としてイタリア各地に広まった。遠く離れた北部エミリア・ロマーナ州ラヴェンナの世界遺産として有名なサンタポリナーレ・ヌオーヴォ大聖堂のフレスコ画（６世紀）にも聖クリスティーナが描かれている。

　この聖クリスティーナの墓地が、ボルセーナ旧市街の聖クリス

聖クリスティーナ大聖堂。伝説では、トスカーナ女伯マティルダ・ディ・カノッサ（98頁参照）が建造したとされる。カンタベリー大司教シゲリックの旅程表にもこの教会が言及されている。

ティーナ大聖堂にある。この大聖堂は、殉教から数百年の時を経た1077年、聖女の眠る墓地の上にその名を冠して再建された。聖女が眠る小さな石棺は、内部左手の地下に今もひっそりと置かれている。

その奥には、ローマ時代のカタコンベ（共同墓地）が広がっている。天井は地下とは思えないほど高く、いくつも枝分かれした坑道がずっと奥まで続いている。壁には亡骸を横たえるベッドのような窪みが何段も連なっており、かなり大規模な共同墓地だったようだ。カタコンベには光が入らず、ひんやりとしていて静寂に包まれている。あたかもローマ時代に迷い込んだような気持ちになる。

ボルセーナには、もう一つこの地の名声を高めた「ボルセーナの奇跡」といわれる伝説がある。ルネサンス期にラファエロがバチカン宮殿内に描いた傑作《ボルセーナのミサ》は、この伝説を基にしている。

これは1263年、ボヘミアの司祭が聖餅（パン）にキリストが宿っているとの教えに疑念を持ち、信仰が揺らいだままこの大聖堂でミサを行ったところ、なんと聖餅から血が滴ったという伝説である。この奇跡はたちまち有名となり、オルヴィエートに滞在中の教皇ウルバヌス４世は、真偽を確かめるため、流れ出た血で赤く染まった「布」をボルセーナから持ってこさせた。後にこれを奉納させるために建てられたのが、教会建築史上の傑作として名高いオルヴィエート大聖堂である。聖布はオルヴィエートに持って行かれたボルセーナであるが、血

が付着した石はこの地に留まった。

　イタリアではこうした信仰にまつわる伝説は枚挙にいとまがない。4世紀まで弾圧されていたキリスト教を広く布教する上で、このような伝説は必要だったのかもしれない。特に殉教を遂げた者は聖者として信仰の対象になり、様々な伝説が生み出された。信者にとって、元は同じ人間だった聖者の伝説は具体的でイメージしやすく、人々の苦しみに共感し、死後の救済を神に取りなしてくれる身近な存在であった。人々は、印刷術が未だ発明されていないヨーロッパ中世において、口承で代々伝えられた多くの伝説に囲まれて生活していたに違いない。

奇跡の石

奇跡の祭壇

奇跡の石が収められている礼拝堂は、ある日幽霊が現れて、聖遺物である石を丁寧に扱うよう訴えたため、1693年、新たに作られたという。

ボルセーナの中心にあるマッテオッティ広場。中央は、1574年建造の聖フランチェスコ門。その
右手にある建物は、旧聖フランチェスコ教会。現在は劇場として使われている。

サン・ロレンツォ・ヌオヴォ

　ボルセーナの中心街には、雰囲気の良い土産物屋やレストランが並ぶ。湖畔沿いには、ヨットを楽しむ人々も見られる。夏にはイベントが開催され、多くの観光客で賑わうそうだ。広場で少しリフレッシュした後、約13km先のサン・ロレンツォ・ヌオヴォの街を目指す。この辺りはヴォルシーニ山地の斜面で、所々きつい登り坂がある。

　サン・ロレンツォ・ヌオヴォは比較的新しい街である。かつては2km ほど南にサン・ロレンツォ・アレ・グロッテという街があったが、大地震とマラリアが原因で荒廃してしまった。そこで1774年、生き残った住民のために、教皇クレメンス14世が新たに建設したのがこの街である。

　サン・ロレンツォ・ヌオヴォの入口では、振り返るとボルセーナ湖

が見えていたが、この街を越えるとボルセーナ湖がついに見えなくなる。住民にとって、住み慣れた街を捨て新たな場所に移るのは寂しいことだったに違いない。新しい街がこの場所だったのは、せめて先祖代々慣れ親しんだボルセーナ湖の風景だけは昔と変わらず眺められるように、という教皇の配慮や住民の希望があったのかもしれない。

　街の中心には、八角形のヨーロッパ広場がある。これは、コペンハーゲンの有名なアマリエンボー宮殿前広場にヒントを得たものである。広場に面しているサン・ロレンツォ・マールティレ教会は、左右に均整が取れている新古典様式で美しい。今日は、この教会がゴールである。約30km と少し長めのコースであったが、これでボルセーナ湖沿いの主要な街を訪れ、無事に終えることができた。

サン・ロレンツォ・マールティレ教会。中には、以前の居住地から運んできた12世紀の木製十字架が保管されている。正面には、建設を推進した教皇ピウス6世の紋章が見られる。

ボルセーナ湖一周ウォーキングマラソン

　2023年4月30日午前7時。出発地点であるモンテフィアスコーネの広場には約1300名が集まり、盛大な開会式が行われた。大会主催者であるモンテフィアスコーネ・フランチジェナ協会の挨拶は「如何なる時であっても聖母のご加護がありますように」と祈りの言葉で締めくくられた。参加者は18km、36km、54kmの3種類からコースを選べるが、筆者はイタリア専門家である友人の後藤義人氏と共に湖を一周する54kmに挑戦した。

　一挙に54kmも歩くのは初めてであり、緊張しながら出発した。周囲は、おしゃべりを楽しみながら歩く地元の子供や家族連れが目立つ。中にはずっと携帯電話で話している人もいる。ただルートに習熟している地元の人が多いためか、一様に早足である。こちらも遅れまいとついていき、10時半には18km地点のボルセーナの街に到着した。

　ボルセーナから先は、歩く人数がぐっと少なくなった。ルート上にはワイン畑が一面に広がり、時折、緑いっぱいの野原に黄色や赤色、紫色の小さい花が現れて目を和ませる。途中の休憩所では、ボランティアの方々が、地元の瑞々しい果物をふんだんに振る舞ってくれた。湖沿いにはレス

ウォーキングマラソン出発地点のヴィットーリオ・エマヌエーレ広場

トランが点在しており、美味しそうな香りが漂ってくるが、先はまだまだ長い。

36km 地点は、ボルセーナ対岸のキャンプ場である。近くには地元の名産である食用カタツムリの養殖場がある。時刻は午後３時過ぎ。８時間経過しており相当疲れていたが「ここまで来た以上は最後まで」とリタイアせずに歩くことにした。

36km 地点の先は、数えるほどの人しか歩いていなかった。「休んでばかりだと筋肉が固まって更に疲れるのよ」と豪語していた女性も、いつの間にかいなくなった。湖に映る空の色がどんよりと曇った色に変わり、憂鬱な気持ちにさせる。

スタートから歩き続ける

上：ブドウ畑
下：ルート途中にあった聖ジョバンニ・イン・ヴァル・ディ・ラーゴ教会跡。16世紀後半に建造された八角形の教会であったが、後に荒廃してしまった。隣に設置された仮設の休憩所で、参加者は思い思いに休んでいた。

こと約13時間。最後は痛みで上がらなくなった足を何とか引きずるようにして、ようやくゴールに到着した。時刻は午後８時。制限時間を若干過ぎてしまったが、なんとか56㎞を完走した。待っていてくれたスタッフが、「最後の完走者だから」と言って、フルーツやパン、ミネラルウォーターなど残った補給物資を山盛りにくださった。完走のお祝いとして振る舞われたのは、もちろん地元の銘酒「エスト！エスト!!エスト!!!」。これまで味わった中で最も美味しいワインとなった。

7. いよいよトスカーナ州へ

ポンテ・ア・リゴ

サン・ロレンツォ・
ヌオヴォ

アッバディーア・
サン・
サルヴァトーレ

モンテフィアスコーネ

ボルセーナ湖

ヴィテルボ

カプラーニカ

START ★	📍	サン・ロレンツォ・ヌオヴォ
経由地 ●	📍	アクアペンデンテ、プロチェーノ
GOAL ●	📍	ポンテ・ア・リゴ

合計約32km

左：聖墳墓大聖堂地下のクリプタ
右：聖フランチェスコ教会とストリートアート　ダニエル・エイム（ポルトガル）《先生》（2015）

　今回は、ラツィオ州最後のコースである。途中「ヨーロッパのエルサレム」とも呼ばれるアクアペンデンテを過ぎると、いよいよトスカーナ州に入る。アクアペンデンテには、巡礼路と深い関係があるロマネスク様式の傑作が残されている。トスカーナといえば、すっと立つ糸杉が立ち並ぶ絵画のような風景が広く知られている。少し長めのコースであるが、実際に歩いてみて、景色がどのように変化していくのか楽しみである。

　サン・ロレンツォ・ヌオヴォを出発すると、間もなく遠くにアミアータ山が見えてくる。糸杉もちらほらと見えてきて、徐々にトスカーナ州に近づいてきたようだ。

　10kmほど歩くと、「ヨーロッパのエルサレム」と呼ばれるアクアペンデンテの街である。この名前は、かつて湧き水から流れ出す小さな滝が数多くあったことに由来するそうだが、「ヨーロッパのエルサレム」という別名はどこから来たのだろうか。

　その謎のカギを握るのは、街の南端にある聖墳墓大聖堂である。言い伝えによると、その昔マチルデという女王（具体的に誰かについては諸説あり）が、エルサレムの聖墳墓周辺の聖域を整備するため、金をラバに積んでローマに向かっていたところ、アクアペンデンテでラバがひざまずいて動かなくなった。どうしたのかと不思議に思っていると、その夜マチルデは「ラバが止まったその場所で聖墳墓を守るための教会を建てよ」とのお告げを聞いたため、この場所に教会を建設したという。

　これはあくまで伝説であるが、実際の建築構造自体もエルサレムと関連がある。この大聖堂には見事なクリプタ（地下聖堂）があるが、これはキリストが十字架にかけられたゴルゴダの丘にある聖墳墓教会とほぼ同じ構造をしているのだ。

　早速教会内部に入り、10世紀頃に建設された主祭壇下のクリプタへ向かう。地下に降りる前にコインを入れて階段を降りると、ぱっと照明がつき、目の前

クリプタ中央にある礼拝堂

に24本の石柱が現れた。石柱がずらっと並ぶ様はシンプルで清々しく、凜とした美しさを感じさせる。上を見上げると、柱頭に彫刻された雄牛、鳥、植物、怪獣らが眼前に迫ってくる。更にその上は、交差ヴォールトが天井を支えており、高くて広々とした印象を与える。物音一つしない中でしばし佇んでいると、ロマネスクの静謐な空間に自分が溶け込んでいくかのような感覚を覚えた。

クリプタ中央には小さな礼拝堂がある。その中には、エルサレムを征服した十字軍の騎士が、旧ピラト総督邸から持ち出して奉納した２つの聖なる石があるとされる。言い伝えによると、この石にはキリストの血のしみがあるらしい。そっと覗いてみたが、残念ながら暗くてよく見えなかった。

静寂が支配する神聖な空間。聖地を目指して遠路はるばる歩いていた巡礼者は、この地下聖堂を参拝することで、聖

クリプタ内にある様々な柱頭。教会の存在自体は1025年の文書で確認できるが、地下聖堂は更に時代を遡り、トスカーナ辺境伯ウーゴ侯が993年に行った寄進と関連があるらしい。

地エルサレムに思いを馳せ、神を身近に感じたに違いない。

　このようにアクアペンデンテは、エルサレムと深く結びついた場所であるが、加えて「花のマドンナの奇跡」といわれる伝説もある。

　1166年、2人の住人が当時の支配者である神聖ローマ皇帝フリードリヒ1世バルバロッサに対する反乱を話し合っていた時、突然枯木に花が咲いたという。彼らはこれを「抑圧からの解放」「聖母の守護の合図」と受け取り、この奇跡を別の隠者に話したところ、今度はその隠者の夢に聖母が現れたという。この話は直ちに教皇アレクサンデル3世の耳に入り、教皇は、シエナ、ルッカ、ピサ、オルヴィエートに対し、アクアペンデンテを神聖ローマ皇帝から解放するよう要請した。その結果、アクアペンデンテは皇帝の圧政から解放されたのだった。

　アクアペンデンテでは、この奇跡を記念する祭りが今も毎年開かれている。「プニャローニ」と呼ばれる祭りで、様々な色合いの花びら、葉、実を組み合わせて描く大きなモザイクが飾られる。その他、「壁画の街」としても有名であり、街のあちらこちらで現代的なストリートアートを楽しむことができる。石造りの歴史的建造物の壁一面に都市的な現

アクアペンデンテのストリートアート
左：マノロ・メサ（スペイン）《オスバルドの肖像》
　（2017）
右：ヘレン・ブール（イギリス）《移民の子》
　（2018）

代アートが描かれている様は、過去と現在、伝統と前衛が同時に存在して興味深い。

プロチェーノ

　アクアペンデンテを出て少し進むと、プロチェーノという小さな街に出会う。ここはラツィオ州とトスカーナ州の境界の街である。1633年、ガリレオ・ガリレイは異端審問裁判のためにフィレンツェからローマに赴いたが、トスカーナではペストが猛威をふるっていたため、ローマのあるラツィオ州に入るには検疫を受けなければならず、この地で19日間の隔離を余儀なくされた。この時ガリレオが隔離された建物は、フランチジェナ街道から少し離れるが今でも残っている。

　プロチェーノは、赤いニンニクの名産地としても有名で、その歴史は紀元前にまで遡る。この地に居住していたエトルリア人がニンニクを栽培し始めたようだが、中世においては、プロチェーノ周辺で広く栽培され、食品としてだけではなく薬としても重宝された。独特の赤い被毛を持っており香りは非常に強烈だが、消化に優れているのが特徴である。

　小さな街で一際目立つ中世の要塞は、３つの塔を有する特徴的な形をしていて、現在では17世紀からの城主一族が家族で経営するホテルとなっている。併設するレストランは、「Km 0（キロメートルゼロ）」というコンセプトで、地元産の良質な食材を提供している。

プロチェーノの要塞。プロチェーノは丘の上に位置し、周囲を見渡せる戦略的な要衝であった。8月にはニンニク祭りが開かれ、多くの人で賑わう。

ラツィオ州とトスカーナ州の境界。木製の門には、「ラツィオ州の入口、プロチェーノ」と書かれている。周りは見晴らしがよく、休憩するには最適の場所である。

ポンテ・ア・リゴ

　プロチェーノの街を出て北上すると、名もない小さな公園がある。ここが、ローマのあるラツィオ州とシエナのあるトスカーナ州の州境である。公園には木製の門が建てられており、フランチジェナ街道を歩む人を歓迎している。この先はいよいよトスカーナ州である。

　毎回ゴール地点を目指して必死に歩くのだが、まだ辿り着かないのかと気持ちばかり焦ってしまう。そのような経験を何度も繰り返し、ローマから徐々に北上してくると、気がついたらラツィオ州最北端まで到達していた。来し方を振り返ると、感慨深いものがある。

　足取りも軽く進んでいくと、トスカーナ州を象徴する糸杉があちらこちらに現れ出した。レオナルド・ダ・ヴィンチの《受胎告知》を始め、様々な名画に描かれておりイタリアを代表する木であるが、原産

は古代ペルシャである。古代ギリシャ人らがペルシャからイタリアに持ち込み、エトルリア人が気候に合うトスカーナに広げていったらしい。堅く丈夫で寿命も長い木材として、広く地中海沿岸地域で使われていた。旧約聖書にあるノアの箱舟、更にイエスの磔刑の十字架の支柱に使われたのも、この糸杉だったといわれている。

　なだらかな丘陵地帯には、農家を宿泊施設に改造し、地元の新鮮な農産物や飲料を提供するアグリツーリズモが点在する。アグリツーリズモとは、農業と観光を一体化させ、農場に滞在して休暇を楽しむという旅の形態であるが、実はここトスカーナ州が発祥である。

糸杉が立ち並ぶ風景

街道沿いにあるアグリツーリズモの宿に近づくと、日陰に何匹かにゃんこがのんびりと寝そべっていた。1匹が近寄ってきたので遊んでいると、もう1匹やってきた。どの猫も人に可愛がられているようで、幸せそうだ。

　ここから本日のゴール地点、カッシア街道沿いのポンテ・ア・リゴまではすぐだった。冬晴れの下で、人懐っこいにゃんこと出会って心がほっこりした1日であった。

ポンテ・ア・リゴ付近のにゃんこ。「じゃあね」と声をかけて立ち去ろうとすると、まだまだ遊んで欲しいのか、後を追いかけてきた。

猛犬注意（Attenti ai Cani）

　フランチジェナ街道を歩いていると、街道沿いの家で飼われている番犬から激しく吠えられる経験に何度も遭遇した。時には、家からリードに繋がれていない大型犬が飛び出し、間近で吠え立てられたこともある。イタリアの都市部で出会う犬達は一様によく躾けられており、大型犬でも怖いと感じることはない。レストランでも、ご主人の足元でお行儀よくしている。だが郊外では少々勝手が違うようだ。

　ポンペイの遺跡からも「猛犬注意」のモザイク画が発掘されており、イタリアでは古代ローマ時代から犬は番犬として飼われてきた歴史がある。歩いている際に番犬から吠えられたら、必要以上に興奮させず静かに立ち去るのがベストである。

カンパニア州ポンペイ遺跡にある豪邸の玄関。犬のモザイク画の下に、ラテン語で「CAVE CANEM（猛犬注意）」と描かれている。

8. 美しいアミアータ山に見守られて

Siena

Roma

サン・クイーリコ・ドルチャ

アミアータ山

バーニ・サン・フィリッポ

ラディコーファニ

アッパディーア・サン・サルヴァトーレ

サン・ロレンツォ・ヌオヴォ

ポンテ・ア・リゴ

ボルセーナ湖

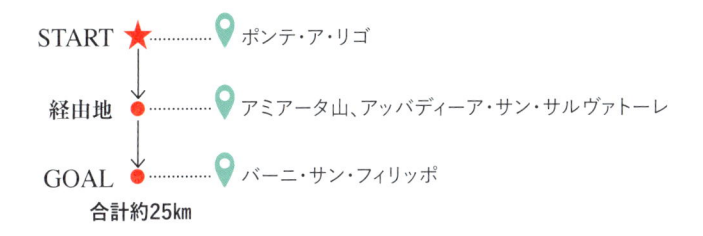

START ★ ·········· 📍 ポンテ・ア・リゴ

経由地 ● ·········· 📍 アミアータ山、アッバディーア・サン・サルヴァトーレ

GOAL ● ·········· 📍 バーニ・サン・フィリッポ

　　　合計約25km

左：標高約800mに位置するアッバディーア・サン・サルヴァトーレ付近。
　　前方山頂の街はラディコーファニ
右：日没直後のアミアータ山。山腹の灯は、アッバディーア・サン・サルヴァトーレ

　フランチジェナ街道は、ポンテ・ア・リゴから、西側のルート（アッバディーア・サン・サルヴァトーレ経由）と東側のルート（ラディコーファニ経由）の２つに分かれ、バーニ・サン・フィリッポ周辺のカッシア街道で再び交わる。どちらのルートも標高差が約500mあって骨が折れるコースである。今回筆者は西側のルートを選択し、ラディコーファニには別途訪れることとした（92頁参照）。

❧ ポンテ・ア・リゴ ❧

聖エリザベッタ教会と追悼碑

ポンテ・ア・リゴは、カッシア街道沿いの小さな集落である。街の片隅にある聖エリザベッタ教会の前に、1944年5月に連合軍の攻撃により犠牲となった家族と子供達を追悼する碑がひっそりと建てられていた。このような長閑な場所にも戦争の傷跡が残されているのを見ると、この時期に丁度始まったロシアによるウクライナ侵攻と重なり大変心が痛んだ。

　30分ほどカッシア街道を歩いてから西側に左折し、緩やかな登り坂の小道に入る。やわらかな太陽の光に照らされ、視界の開けた丘陵地帯で風を感じながら歩くのは気持ちが良い。目の前には、美しいアミアータ山が少しずつ迫ってきた。

❧ アミアータ山 ❧

　アミアータ山は標高1738mの死火山である。際立って高い山ではないが、山裾が左右に長く広がっていて実に美しい。山頂には1900年の聖年を祝うために建てられた高さ22mの金属製の十字架が立っている。第二次世界大戦の爆撃で被害を受けたが、地元の人々によって再建され、大切に維持されている。晴れていれば、山頂から約90km先のシエ

ナまで見渡すことが出来るそうだ。麓には原生林が生い茂り、古くから栗やキノコといった山の幸が名物である。

ポンテ・ア・リゴ付近の畑とアミアータ山遠景

　途中山道を歩いている時、どこからか煙たい匂いが漂ってきた。よく見ると、遠くに一筋の煙が立ち上っている。野焼きでもしているのだろうか、と思いながら歩いていると、前からやってきた地元の住人らしき人に呼び止められ、「あの煙を見ましたか。火災ではないでしょうか」とたずねられた。自分も不思議に思ったと答えると「一応森林警察に連絡しておきます」と言って、車で走り去った。

　イタリアには警察組織がいくつもあり、森林警察は環境保護や山地での捜索救難を専門に行う組織である。しばらく歩いて振り返ってみると、煙は無事に消えていた。

～ アッバディーア・サン・サルヴァトーレ ～

　早朝ポンテ・ア・リゴを出発してからおよそ４時間。15kmほど歩いてアミアータ山の中腹に位置するアッバディーア・サン・サルヴァトーレの街に到着した。ここにあるサン・サルヴァトーレ修道院は、トスカーナで最も古い修道院の一つである。

　伝説によると、８世紀ランゴバルド王国のラキス王は、アミアータ山に救世主が現れる「もみの木」があるという話を聞いたので山に入り、確かめに行った。すると本当に木の上に救世主が現れたので驚き、その場所に修道院を建設したのだという。この「もみの木」の上に救世主が現れた様子は、この街の紋章にもなっている。

　ただこの伝説は表向きの話であり、修道院がこの地に建設された裏

には別の政治的思惑があった。当時この地は王国の直轄地であり、かつフランチジェナ街道を見渡せる戦略的な拠点であった。この場所に大きな魅力を感じたランゴバルド王国は、街道地域の支配強化のため、ここに王立修道院を建設したのだ。

　その後サン・サルヴァトーレ修道院は、この地を統治する領主として広大な土地を所有し、フランク王国の時代には、100名を超す修道士を擁するまでに発展した。10 〜 12世紀の最盛期には、フランチジェナ街道を旅する巡礼者に宿泊を提供しながら、社会福祉施設の運営、製粉所、ワイン醸造所までも運営し、活発な経済活動を行っていた。加えてサン・サルヴァトーレ修道院は、貴重な聖書や宗教関連の文書を筆写することで、キリスト教文化の伝道においても重要な役割を果たした。薄暗い部屋の中で一語一語丁寧に書写する作業は、大変な苦行だったという。サン・サルヴァトーレ修道院には、4世紀の大神学者である聖ヒエロニムスが翻訳、編纂し

左：サン・サルヴァトーレ修道院内の壁画。ラキス王が「もみの木」の上に救世主を見た姿が描かれている。
右：サン・サルヴァトーレ修道院。現在の建物は、最盛期の1035年に再建されたもの。

た初のラテン語版聖書の写本が大切に保存されてきた。これは「アミアータ聖書」と呼ばれ、世界最古のラテン語版聖書である（オリジナルは、現在フィレンツェのラウレンツィアーナ図書館に保存）。

　貴重なものが多いサン・サルヴァトーレ修道院であるが、最大の見どころは、ランゴバルド王国時代のクリプタ（地下聖堂）である。主祭壇の脇から地下に降りると、35本の柱が静かに立ち並んでいる。柱頭にはヤシ、蓮の葉、ブドウ、馬などが彫られ、まるでアミアータ山の原生林のようである。中には柱全体に「ゴルディアスの結び目」が彫られているものもある。連続した結び目は「始まりも終わりもない」、つまり「神の永遠」を象徴している。修道院を建てたラキス王は、このクリプタを訪れて、何を感じたのであろうか。

サン・サルヴァトーレ修道院のクリプタ。8世紀に建造されたランゴバルド王国時代の教会跡といわれている。一部劣化した柱は、1960年代に地元産の石材によって作られた柱に置き換えられた。

教会内部の十字架。頭にいばらの冠がなく、目と口が開いているキリスト像は珍しい。これは、はるばるフランスのヴェズレー修道院からフランチジェナ街道を通ってやってきた巡礼者が1140年に作ったものである。

修道院を出て旧市街に歩みを進めると、黒ずんだ壁の建物が並んでいる。アミアータ山で多く産出される「粗面岩」という火山岩で作られた中世の建物で、この火山岩は時間が経過すると黒ずんでくる。そのため、街全体が黒や灰色を帯び、独特の落ち着いた雰囲気がある。ヴィテルボと同様に、イタリアの中でも最も中世の町並みが保存されている街の一つといわれている。

　街の中心部にある市役所の前を通ると、大きなウクライナ国旗が掲げられていた。ロシアの侵略直後、イタリアの上下両院はロシア非難及びウクライナ支援の決議を圧倒的多数で採択していたが、地方の街もまた敢然と立ち上がっている様に心を打たれた。

アッバディーア・サン・サルヴァトーレ市役所。15世紀に建設された。

アッバディーア・サン・サルヴァトーレ旧市街。

❧ バーニ・サン・フィリッポ ❧

　アッバディーア・サン・サルヴァトーレの旧市街を出ると、近代的なアパート地区が広がるが、少々さびれた印象である。ここには19世紀に発見された水銀鉱山関係者が住んでいたが、1970年代に鉱山が閉鎖されたため人影は少ない。

続いて約7km先にあるバーニ・サン・フィリッポの街を目指す。しばらくは下り道で、さほど骨の折れるコースではなさそうだと思って歩いていたが、徐々に人家が少なくなり、気がつくとアミアータ山の森林の中を歩いていた。行き交う人もおらず、もし山の中で道に迷ったらどうしようかと不安な気持ちになってきた。携帯電話の中にあるフランチジェナ街道の地図アプリが頼りだが、山道の中で街道を示す標識を見つけると心強い気持ちになった。

　山中を2時間ほど歩くと、硫黄の強い香りが風に乗って漂ってきた。バーニ・サン・フィリッポの近くまで辿り着いたようだ。地図を見ると近くに大きな天然温泉がある。興味は惹かれたが、フランチジェナ街道沿いから外れるため、先を急いでいた筆者は後日温泉を訪れることとし、この日は歩みを進めた。

　更に3kmほど歩くと、ようやく森を抜け視界が開けた。広い牧草地の先には幹線道路であるカッシア街道が見え、時折車が行き交う。藁と牛の糞のにおいが鼻腔をくすぐり、やっとアミアータ山を抜けられた安心感でほっとする思いがした。朝出発してから約8時間も歩き続けたので、妻との待ち合わせ場所のガソリンスタンドに着いた時には疲労困憊であった。

　今回はアミアータ山の山麓をひたすら歩き続けた1日であったが、途中アミアータ山が見せた様々な姿は身体に刻み込まれ、忘れられないものとなった。

自然の温泉バーニ・サン・フィリッポの「白い鯨」。温泉の石灰が長い年月をかけて積み重なっている。鯨のように見える巨大な岩壁が「白い鯨」と呼ばれる名所。

山頂の城砦都市ラディコーファニ
～伝説の盗賊・ギーノの物語～

　カッシア街道からアッバディーア・サン・サルヴァトーレを目指して広大なトスカーナの大地を歩いていくと、頂上に城砦を頂く山がポツンと見える。周囲に高い山がないため、どこを歩いても遠目にこの山が視界に入ってくる。標高約800mにあるこの城砦の街がラディコーファニである。

　ラディコーファニという地名は「ラキスの土地」という意味に由来し、8世紀にはサン・サルヴァトーレ修道院と同じくランゴバルド王国ラキス王の支配下にあった。973年には城砦も存在していたとの記録がある。その後12世紀末、フランチジェナ街道を見下ろす戦略的重要性からローマ教皇が支配し、城砦を強化・拡張したようだ。

　このラディコーファニの歴史はドラマチックで、多くの書籍にも取り上げられている。

　13世紀末、ラディコーファニはローマ教皇領でありながら、シエナ共和国との境界沿いに位置していたため、十分に支配が行き届かなかった。この状況を利用して、シエナで罪を犯した若者がここに逃げ込み、当時、難攻不落と言われたラディコーファニの城砦を占拠してしまった。この若者こそ、後に「トスカーナのロビンフッド」と呼ばれ、ラディコーファニの名を一躍有名にした山賊団のボス、ギーノ・ディ・タッコである。

　ギーノはシエナの貴族だったが、一族はおそらく経済的困窮から、貴族でありながら山賊をしていたようで

遠方から望むラディコーファニ城砦

ある。放火や窃盗の罪で一族が有罪判決を受け、父と叔父は、シエナのカンポ広場（121頁参照）で裁判官ベニンカーサ・ダ・ラテリーナによって死刑に処されてしまう。未成年だったギーノは極刑を逃れたが、その後もシエナ領内で窃盗を繰り返し、ついに追放処分を言い渡されてしまう。そこで逃げ込んだのがラディコーファニだった。

ギーノはここを本拠地に山賊行為を繰り返した。狙われたのは、フランチジェナ街道を往来する人々である。普通なら恐れられる犯罪集団だが、何故かギーノの人気は高まっていく。旅人を待ち伏せして

ラディコーファニ城砦とその内部

持ち物を略奪するが殺すことは滅多になく、生きるための必需品は残したこと、また貴族や商人からは身代金を取るが、貧しい巡礼者には旅路の必需品を与えたといわれることが美談として広まったようだ。

ギーノはその後、父と叔父の仇を討つことで、更に名声を高める。ベニンカーサ裁判官がその後ローマで出世したことを聞きつけたギーノは、ローマのカンピドーリオにある法廷にまで乗り込み、父の形見の剣で首を刎ねてラディコーファニの塔に吊したのだ。この行為によりギーノはローマ教皇から指名手配されるが、当時の民衆にとっては痛快な面もあったのか「仇討ちを成し遂げた騎士」として英雄視されたのだった。

そんな中、その後のギーノの人生を決定づける事件が起こる。諸侯からの寄進で栄華を誇ったフランスのクリュニー修道院長を監禁し、逆に感謝されたという話で、14世紀イタリアを代表する小説『デカメロン』に登場する（第十日第二話）。

　ある日、クリュニー修道院長がローマで教皇ボニファティウス8世（11頁参照）に謁見し、長年の持病である胃痛を伝えた。すると教皇から温泉湯治を勧められ、修道院長はトスカーナの温泉地に向かったところ、ギーノの一団が「待ってました」とばかりに修道院長を誘拐し、ラディコーファニの塔に幽閉したのだ。とはいえ危害を加えることはなく、院長に地元の粗食だけを与えたところ、修道院長の持病の胃痛が奇跡的に治ってしまった。暴飲暴食で荒れた胃には、粗食が逆によかったのかもしれない。

　ギーノが院長を解放すると、院長は病気が治った上に無事解放されたことでいたく感激し、これを教皇に報告してギーノに恩赦を与えるよう説得した。教皇は望み通りにギーノを無罪放免としただけではなく、スペダーレ教団（現在のマルタ騎士団）の騎士に任命し、更に修道院を一つ与えた。こうして盗賊だったギーノは、騎士まで上りつめた。

　この教皇は大変寛容なようだが、教皇ボニファティウス8世といえば、歴史上相当癖のある人物として有名だ。前任のケレスティヌス5世に対し、夜な夜な「ただちに教皇をやめて隠遁せよ」と伝声管で囁いて辞任させ、自らが教皇に就任したという権力欲の塊のような伝説があり、また教皇でありながら「イエス・キリストは我々と同じただの人」と過激なことを公言し、華美と美食を好む破天荒な教皇だった。1303年、ローマ近郊のアナーニに滞在していた教皇は、対立するフランス王フィリップ4世の軍に捕らえられ、退位を迫られた。これに対し教皇は、屈することなく「この首を持っていけ！」と開き直ったため、兵士に顔を殴られてしまった。かろうじて命は助かったものの、教皇は悔しさのあまり1ヶ月後に憤死したと言われる。この「アナーニ事件」は、教皇権の衰退を象徴する事件として有名である。

ダンテは『神曲』の中で、この教皇ボニファティウス8世を当然のように地獄に落としている。こうした一筋縄ではいかない人物に、修道院長の口添えがあったとはいえ罪を赦されて騎士にまで取り立てられたギーノは、よほど不思議な魅力があったのか、大人物であったのか。犯罪者でありながらも、カリスマ性のある人物だったのであろう。

　伝説の山賊ギーノ亡き後、ラディコーファニはシエナ領となり、その後はトスカーナ大公領となった。城砦の下にある街は中世の街並みを残しており、モーツァルトやスタンダール、ディケンズといった多くの有名人も訪れている。ここに山賊だったギーノが暮らしていたとはとても信じられないほど、現在は平和な雰囲気である。フランチジェナ街道の看板やスタンプもあちらこちらに置かれ、街全体で巡礼者や観光客を歓迎している。そぞろ歩きをすると、狭い路地の先に小さな広場があるなど、思わぬ発見があちらこちらにある。そして、ここから望むアミアータ山は実に美しく、夕暮の光によって山の表情が刻々と変化する様は、息をのむほど美しい。旅人を襲う山賊団は現代のラディコーファニにいないので、安心して訪れてほしい。

城砦の麓にあるラディコーファニの街並み

9. 世界遺産オルチャ渓谷を縦断

- サン・クイーリコ・ドルチャ
- バーニ・サン・フィリッポ
- アミアータ山
- ラディコーファニ
- アッバディーア・サン・サルヴァトーレ
- サン・ロレンツォ・ヌオヴォ
- ポンテ・ア・リゴ
- ボルセーナ湖
- Siena
- Roma

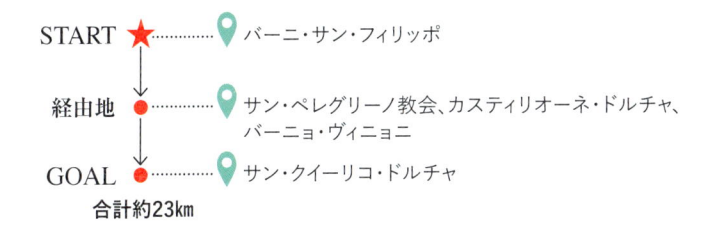

START	★ ········ 📍	バーニ・サン・フィリッポ
経由地	● ········ 📍	サン・ペレグリーノ教会、カスティリオーネ・ドルチャ、 バーニョ・ヴィニョニ
GOAL	● ········ 📍	サン・クイーリコ・ドルチャ

合計約23km

左：オルチャ渓谷
右：聖クイーリコとジュリッタの教区教会側窓の石彫

　今回はバーニ・サン・フィリッポを出発し、2004年に世界遺産に登録されたオルチャ渓谷を歩く。左右に連なっていた山々が徐々に遠ざかり、眼前には、緑の丘陵が緩やかに重なり所々に糸杉が立ち並ぶ光景が広がる。一面緑に覆われたトスカーナらしい風景の中に入っていく気分は実に爽快であり、自然と足取りも軽くなる。ルート上には、小さく個性豊かな街が点在しており、そこを訪れるのも楽しみである。

✧ サン・ペレグリーノ教会 ✧

　オルチャ渓谷に入って1時間ほど歩き続けると、サン・ペレグリーノ教会という小さな石造りの教会がある（12頁参照）。今は荒れ果てて廃墟となっているが、かつてカンタベリー大司教シゲリックやトスカーナ女伯マティルダ・ディ・カノッサ、フランス王フィリップ2世オーギュストらも宿泊した有名な場所である。

　マティルダ・ディ・カノッサと言えば、世界史の教科書にも出てくる「カノッサの屈辱」のキーパーソンである。1077年、ローマ教皇グレゴリウス7世から破門された神聖ローマ皇帝ハインリヒ4世は、北イタリアにあるカノッサ城の門前に裸足で立ち、3日間破門の解除と許しを請うた。教皇はなかなか許さなかったが、城主であるマティルダ女伯が教皇にとりなして、皇帝はようやく許されたのである。その後マティルダ女伯は、1099年に十字軍遠征に参加しているので、サン・ペレグリーノ教会に宿泊したのは、その時なのかもしれない。敬虔な信仰心を持ち教皇を支え続けたマティルダ女伯は、現在ローマのサン・ピエトロ大聖堂に眠っている。

✧ カスティリオーネ・ドルチャ ✧

　更に10kmほど先に進むと、これまで遠く山腹に見えていたカスティリオーネ・ドルチャの街である。オルチャ渓谷を構成する街の一つで山の中腹にあり、ここから眺めるオルチャ渓谷のパノラマは実に絶景である。街の広場にはバルやワインバーが数軒あり、景色を楽しみながら休むことができる。北側にはオルチャ川が流れており、対岸は次に目指すバーニョ・ヴィニョニの街である。

カスティリオーネ・ドルチャから臨むオルチャ渓谷

⟐ バーニョ・ヴィニョニ ⟐

　オルチャ川に架かる橋を渡り、お昼過ぎにバーニョ・ヴィニョニの街に到達。ここは起源がローマ時代にまで遡る有名な温泉地であり、教皇ピウス2世やメディチ家一族が好んで滞在した。温泉水は重炭酸塩と硫黄塩

ソルジェンティ広場の温泉プール。水面から湯気が立っている。

のアルカリ性で、50度以上の熱湯が湧き出ている。

　街の中心はソルジェンティ広場である。中心には16世紀に作られた源泉が湧き出る温泉プール（現在は入浴禁止）があり、周囲はルネサンス期に作られたという石造りの建物や教会で囲まれている。当時温泉を楽しんだ貴族達は、湯上がりにここで談笑したのであろう。

　小さな温泉町だが、高級ホテルや洒落たバル、本屋、地元の新鮮なチーズやサラミを販売するお店もあり、滞在中不自由はしなさそうだ。源泉はソルジェンティ広場から流れ出し、街中をゆるゆるとオルチャ川を見下ろす崖まで流れ、そこから一気に川に落ちていく。薄茶色の岩肌は、源泉が流れる部分だけ硫黄の影響で白く変色しており、遠目から見ても美しい。

温泉水が水しぶきを上げてオルチャ川に流れ落ちる様子。前方に見える街はカスティリオーネ・ドルチャである。

バーニョ・ヴィニョニから5kmほど歩くと、サン・クイーリコ・ドルチャの街に到着する。

旧市街に入ると早速気づいたことがある。ゴミが1つも落ちていないのだ。メインストリートは綺麗に掃き清められ、清々しい感じに満ち溢れている。その側には、美しく刈り込まれた植木が際立っている庭園があり、誰でも自由に入ることができる。これはホルティ・レオニーニ庭園と呼ばれ、この街を訪れる全ての人を癒やす目的で16世紀に作られた。当時一般的だった貴族のための庭園ではなく、旅人のために広く開放するという発想が素晴らしい。オルチャ渓谷の中心に位置するこの街は、昔から美しい街を維持することで、旅人を歓迎し和ませてきたのかもしれない。

ホルティ・レオニーニ庭園。古典的なイタリア庭園の好例で、1580年頃にディオメーデ・レオーニによって作られた。中央の彫刻はメディチ家のコジモ3世で、1688年の作品である。

続いて興味を引いたのは、旧市街北にある聖クイーリコとジュリッタの教区教会と南にある小さく簡素なサンタ・マリア・アスンタ教会の彫刻である。

聖クイーリコとジュリッタの教区教会は、12世紀末に再建された後に改築を重ねているため、ロマネスク様式とゴシック様式が混在している。教会正面のファサードが最も古く、そこには、6連のアーチからなるランゴバルド様式のポータルがある。最も外側のアーチは獅子を乗せた結び目のある柱によって支えられているが、獅子といっても想像上の獅子のようで、普通のライオンには見えない。門の上には2匹のワニが向かい合っているが、右のワニの体からはヘビのような頭が生えていて、反対方向を向いている。

側面には増築された門が2つ並んでいて、1つは2人の聖人が柱となって門を支えている。その右の窓には、左足に手をかけながらこちらを見つめながらニタニタ笑う人の彫刻がある。道行く人を好奇の目で見ているようだ（97頁参照）。

聖クイーリコとジュリッタの教区教会。下はその側面。1155年、神聖ローマ皇帝フリードリヒ1世バルバロッサは、ローマへ向かう途上、この街で教皇ハドリアヌス4世の使者と会見した。

　サンタ・マリア・アスンタ教会は更に古く、11世紀後半に建てられたと推測される。木製の入口の左右上部には、顎を手に乗せて口を開いている生き物や人の顔を有する牛のような動物がいるが、空想上の動物なのか、何の動物なのかよく分からない。

　こうした動物とも怪獣とも取れる不可解な生き物が、なぜ聖なる教会の入口に彫られているのだろうか。

　サン・クイーリコ・ドルチャに限らず、イタリアの中世ロマネスク様式の教会では、こうした「謎の生き物」の彫刻が多く見られる。街の中心にあった教会の前は、地元の住民や巡礼者だけではなく、商人や騎士、王や貴族など様々な人々が行き交ったことであろう。街の外は広大な森や大自然が広がっており、人々は途中様々な生き物に出会い、不安や恐怖を抱きながら道を急いだに違いない。

　自然の中で遭遇したこういった体験は、口承で伝えられ、多種多様な伝承を生み出した。そして実際に見聞きしたイメージは、全く別の

聖クイーリコとジュリッタの教区教会の石彫

ピチ。トスカーナ州南部シエナ付近で生まれた太麺パスタ。モチモチとして、まるでうどんのような食感である。イノシシ肉のラグーやトマトソース、トリュフなど具材も当地ならではのものが多い。

ものに作り替えられ、街の中で共有されていったものと思われる。こうして当初の姿から大きく変化した「謎の生き物」は、多くの人々を内心から畏怖させたのである。

「謎の生き物」は、教会の聖なる内側と俗界である外側との境目に位置し、俗界を行き来する人をじっと見張って聖界を守ってきたのではないだろうか。

歩いた後は、街中のトラットリアで、地元の食材で作られた肉料理や、トスカーナの手打ちパスタであるピチに舌鼓を打った。当然、ワインもオルチャ渓谷産の赤ワインである。長い距離を歩き疲れた身体には、最高のご褒美であった。夕食を楽しみながら今日歩いた道を振り返ると、どこも絵になる景色ばかり。世界中の芸術家を魅了する絶景に周囲を囲まれながら少しずつ歩みを進め、所々に見える糸杉や山腹にある小さな街に目を留める経験は他では得難く、この日は話が尽きなかった。次回は是非、時間を気にせずゆっくりと訪れてみたいと思った。

10. ワインの銘醸地・モンタルチーノを訪ねて

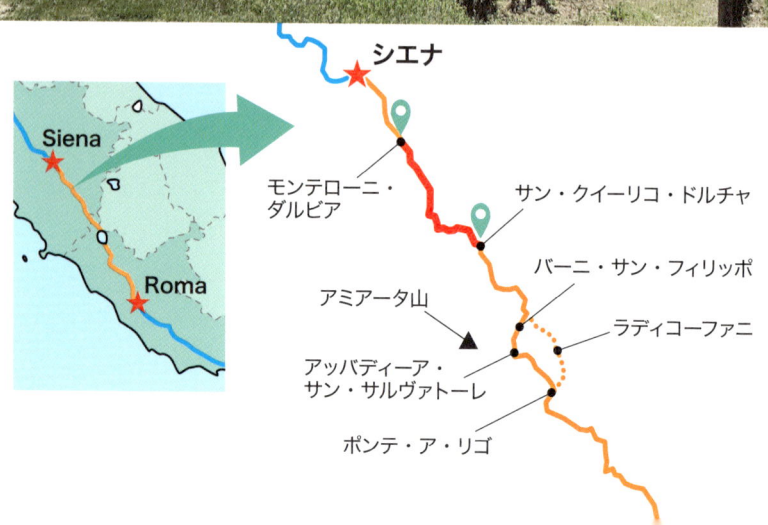

- シエナ
- Siena
- Roma
- モンテローニ・ダルビア
- サン・クイーリコ・ドルチャ
- アミアータ山
- バーニ・サン・フィリッポ
- ラディコーファニ
- アッバディーア・サン・サルヴァトーレ
- ポンテ・ア・リゴ

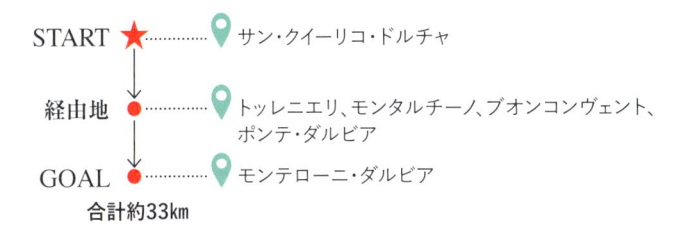

START ★	📍	サン・クイーリコ・ドルチャ
経由地 ●	📍	トッレニエリ、モンタルチーノ、ブオンコンヴェント、ポンテ・ダルビア
GOAL ●	📍	モンテローニ・ダルビア

合計約33km

左：芽吹き始めたブドウ畑。前方丘の上の街はモンタルチーノの街
右：一面黄色に色づいたブドウ畑

　今回は、サン・クイーリコ・ドルチャから、モンタルチーノ周辺のワイン畑を通ってシエナ南側に広がるアルビア渓谷に入るコースである。この辺りはオルチャ渓谷の北側で、美しい風景が一面に広がる。またイタリアが誇る高級赤ワイン「ブルネッロ・ディ・モンタルチーノ」の銘醸地でもあり、ワイナリーが点在している。距離は長めだが比較的平坦で歩きやすく、途中いくつかワイナリーに立ち寄ることができる夢のようなコースである。

❧ トッレニエリ ❧

　早朝、サン・クイーリコ・ドルチャの北門から出発。幾重にも重なるなだらかな丘の中にある小道を進む。周囲は一面緑に覆われており、あちらこちらに糸杉が並んでいる。遙か車道の方を望むと、車を停めて多くの人が思い思いにこの景色を写真に収めている。この辺りは、ミラノからボローニャ、フィレンツェ、ローマを経てナポリまで南北に結ぶ高速道路の出口が近く、多くの観光客が訪れる。

サン・クイーリコ・ドルチャ周辺のオルチャ渓谷と糸杉

アッバディア・アルデンガのセラー。写真の左側には8世紀の塔の壁が残されている。そこには、990年にシゲリック大司教が立ち寄り、1315年には聖職者16人が殺害され塔や教会が破壊された、と刻まれた石碑がある。

　10kmほどで、トッレニエリの街に到着する。ここは、モンタルチーノの玄関口としてシエナと鉄道で結ばれており、駅の名称もそれを強調して「トッレニエリ＝モンタルチーノ駅」である。小さな街であるが、フランチジェナ街道沿いにあるアッバディア・アルデンガというワイナリーが有名だ。カンタベリー大司教シゲリックも宿泊したという歴史的な場所で、普段週末は休みであるが、この日はたまたま開いていた。本日最初のワイナリー訪問である。

　建物の中に入ると、樽の心地良い香りが漂ってくる。早速ブルネッロ・ディ・モンタルチーノを試飲させていただくと、口の中いっぱいにまろやかな味がふわっと広がる。タンニンや酸味が溶け

込んでおり、まるでシルクのような滑らかさである。これに熟成による複雑さが徐々に加わってくる。余韻は長く、コクのあるフルボディのワインである。

❧ モンタルチーノ ❧

トッレニエリを出てブドウ畑の中を歩いていると、モンタルチーノの街が前方の丘の上に見えてくる。街中にはエノテカが立ち並び、世界中のワイン好きが訪れる場所であるが、行くと遠回りになってしまうため、残念ではあるが、今回は諦めることとした。

複雑な味わいを有し、長期熟成にも耐えられるブルネッロ・ディ・モンタルチーノが作られる理由は、この地方独特の気候や土壌が大きく関係している。モンタルチーノ周辺には風を遮る山地がないため、風が西のティレニア海から東のアペニン山脈に向かって吹き抜ける。したがってブドウの生育にとって有害な霧や霜の発生が少ない。また土地は、砂利・石灰を含む粘土質や岩石で構成される痩せた土壌であるが、痩せているが故に、ブドウの木はしっかりと根を地中に伸ばし、水、養分、ミネラル分を吸収する。このようにワイン生産に適した条件が幾つも重なっているのである。

モンタルチーノ。バルにもワインの名が謳われている。1555年にシエナ共和国がフィレンツェに征服された際には、多くのシエナ人がモンタルチーノに亡命し、イタリア半島における最後の共和国として抵抗運動を続けた。

トッレニエリから更に６kmほど歩くと、フランチジェナ街道沿いにカパルツォという近代的なワイナリーがあったので立ち寄ってみた。本日２軒目のワイナリーである。糸杉に囲まれた敷地の中にはモダンな建物があり、嬉しいことにフランチジェナ街道を歩く人のために軽食を

ワイナリー入口にあった巡礼者向け軽食の案内

提供している。ベンチに腰掛け、ワイン畑を見ながら休憩するのも良さそうだ。

　建物の中は広々としていて様々な種類のワインを店頭販売している。試飲も可能で、溌剌としたロッソ・ディ・モンタルチーノを試してみた。熟成感の代わりにキリッと引き締まったフレッシュな味わいが特徴的な赤ワインだ。折角なので１本買い求めたいところであったが、今日はまだ予定の半分しか歩いておらず、荷物になると思って購入を控えた。しかし後日調べたところ、ワインを題材とした日本の有名漫画にも登場したワイナリーだったことが判明、少々後悔することとなった。

　更に20分ほど歩くと、今度は堅牢な城が見えてきた。歴史を感じさせる城壁で、周囲は綺麗に整備されている。入口から覗いてみると、英語を流ちょうに話される方が出てきて招き入れてくださった。中は何とワイナリーだ。期せずして本日３軒目

トリチェルキ城中庭

のワイナリー訪問となった。この城はシエナの貴族トリチェルキ家が1441年に完成させた城だそうで、迎えてくださったのは17代目のご当主であった。現在では広大なブドウ畑に囲まれたワイナリーとなっているが、かつてはフランチジェナ街

トリチェルキ城外観。訪問後に城の周囲やワイン畑を見ていると、後ろから賢そうな犬が大人しくついてきた。ご当主が飼っている犬だろうか。

道の巡礼者も立ち寄って休息したそうだ。ワインを熟成させている城の地下室は、内部がひんやりとして温度が一定に保たれており、また空気中の微細な微生物が味わいに複雑さを加えるため、この場所独特の美味しいワインが出来るとのことであった。

ブオンコンヴェント

　トリチェルキ城の先は、アルビア渓谷に出る。ここはシエナ方面から流れるアルビア川沿いの平原であり高低差があまりない。平坦な道を進むと、やがてブオンコンヴェントの街に到着した。

　ブオンコンヴェントはフランチジェナ街道沿いの街として、またアルビア川がオンブローネ川に流れ込む物流の要衝として12世紀から栄えた。皇帝や諸侯もこの街を訪れており、1313年にはイタリア遠征中の神聖ローマ皇帝ハインリヒ7世がこの地で亡くなっている。

ブオンコンヴェントの市役所。時計の下には、1270年以来ブオンコヴェントを統治した25名の市長の紋章が埋め込まれている。

ブオンコンヴェント北側のシエナ門。門の先にある塔は市役所。なお南側にあったロマーナ門は、撤退するドイツ軍により1944年に破壊され、今はない。

シエナ共和国にとっても重要な拠点であり、14世紀末には、街の防御のため現在まで残る城壁が築かれた。門の上には、シエナの紋章が誇らしげに高々と掲げられている。

　ブオンコンヴェントという街の名前は、ラテン語の「幸運な場所」（Bonus Conventus）に由来する。その名に多くの人が引き寄せられたのか、この街では数々のドラマが繰り広げられた。

　ボッカッチョ『デカメロン』の第九日第四話には、ブオンコンヴェントを舞台とした面白い話がある。ある時、シエナのチェッコ・アンジョリエーリ（13 〜 14世紀に活躍した実在の詩人）は、賭博好きの男・フォルタルリーゴと共に旅に出て、途中ブオンコンヴェントで泊まることになった。その夜フォルタルリーゴは、チェッコが寝てから自分の持ち物だけでなくチェッコの金まで持って賭博に出かけ、無一文になるまで負けてしまい、衣類や所持品まで全て失ってしまった。

　翌日チェッコは怒り呆れ果て、1人でさっさと次の目的地であるトッレニエリに向かった。残されたフォルタルリーゴは、後からシャツ1枚で追いかけ、チェッコを見つけた途端、周囲の村人達に「俺を身ぐるみ全部剥がしたのはあの男だ！」と喚き立てた。村人達は、それを信じてチェッコが盗っ人だと勘違いし、罪のないチェッコが衣類を奪われてシャツ1枚になってしまった。一方フォルタルリーゴは、チェッコが奪われた衣類を着て、1人で悠々と立ち去ったという話である。

　チェッコは、権威や崇高なものを滑稽に笑い飛ばす皮肉屋だったと

言われている。そんなチェッコが賭博好きの友人にまんまとはめられて、シャツ一枚にさせられた心境はいかばかりか。『デカメロン』の中で、チェッコが村人達に捕まったのは、ブオンコンヴェントとトッレニエリの間とされているが、それはこれまで歩いたフランチジェナ街道上のどこだったのだろうか、と歩きながら考えた。

❧ ポンテ・ダルビア ❧

　ブオンコンヴェントから5kmほど進み、アルビア川にかかる美しい橋を渡ると、シゲリックの記録にも残っているポンテ・ダルビアという街である。朝から25km以上歩いており足だけでなく腰も疲れて痛くなってきたので、少しリフレッシュしようとバルに向かうと、2階から住人が手を振ってくれた。嬉しい応援である。

ポンテ・ダルビアのバル。ここで「巡礼パスポート」にスタンプを押して頂いた。

　その先は、線路脇の道である。途中列車に出会うこともなく、日も傾いてきた。物寂しい雰囲気を感じながらひたすら8kmほど歩き続けると、ようやく今日の待ち合わせ地点であるモンテローニ・ダルビアの街に着いた。今回はこれまで一番長い距離を歩いたが、振り返るとオルチャ渓谷の景色に癒やされ、モンタルチーノのワインを試飲できた至福の1日であった。

線路脇の道

蒸気機関車で行くアルビア渓谷ツアー

　2023年5月21日朝。シエナ駅のホームには普段見かけないレトロな列車が停まっていた。蒸気機関車を先頭に、約100年前、実際に走っていた木目調の車両を修復した客車が並んでいる。ホーム上は記念撮影する人々で溢れかえり、カンツォーネを演奏する楽団がアコーディオンやタンバリンで雰囲気を盛り上げてくれる。さながらお祭りのようだ。

　この列車は、FSイタリア財団（Fondazione FS Italiane）が不定期に運行している観光列車である。この財団は、旧イタリア国鉄の遺産を次世代に伝える活動をしている。中でも人気なのは、歴史的車両を現役時代そのままの形で運行するツアーである。この日は朝9時にシエナを出発、ブオンコンヴェント、モンテ・アンティーコを経てトッレニエリにお昼前に到着、ここで昼食を取って夕方5時過ぎに再び乗車、シエナ駅に6時半に戻るというツアーに参加した。

　客車の手動のドアを開けて中に入ると、内装は昔のまま。木製のシートや窓枠、洒落た網棚もあってクラシカルな雰囲気である。客席は満員で、皆一様に興奮の面持ちである。やがて汽笛が鳴り、汽車がゆっくりと動き出した。

　シエナを出ると、直ぐにアルビア渓谷に入る。丁度新緑の季節で、トスカーナのなだらかな丘と点在する糸杉が車窓いっぱいに広がる。ここは約1年前に歩いたフランチジェナ

ホーム上で乗客を迎える
カンツォーネの楽団

街道沿いである。流れる景色を眺めていると、懐かしさがこみ上げてくる。

カンツォーネの楽団が汽車にも乗り込んでおり、各車両で演奏してくれる。一緒に盛り上がって音楽を楽しんでいると、あっという間にモンテ・アンティーコに

車窓を流れるアルビア渓谷の糸杉とフランチジェナ街道の風景

到着。30分ほど停車するので、乗客達も汽車を降りて休憩を取る。

ここで蒸気機関車は、燃料補給に加えて方向転換を行う。蒸気機関車は、一旦客車から切り離されて走り去り、方向転換後にホームの乗客の目の前を通過し、再び客車に連結される。もちろん乗客は大喜びだ。実際に目にした蒸気機関車は想像していた以上に大きく、巨大な黒色の鉄の塊が煙をもくもくと上げて疾走する様は迫力があった。

休憩が終わると、汽車はまた30分ほど走りトッレニエリ＝モンタルチーノ駅に到着。ここで昼食なのだが丁寧な案内はなく、多くの乗客が道に迷いながら昼食会場に到着した。そこは街の公民館のよう

車内の模様

なホールで、長机と椅子が並べられた即席の会場であったが、地元の
ワインがふんだんに振る舞われ、生ハムやパスタなどのイタリア料理
が何皿もサーブされると、知らない人同士でも話が弾んだ。隣席の老
夫婦はドイツからいらした方で、シエナに数ヶ月滞在してトスカーナ
を楽しんでいるとのことだった。車内を盛り上げてくれた楽団も来て、
何曲もカンツォーネを披露してくれた。勿論彼らも、その後は一緒に
昼食である。

　昼食後は列車の出発まで周辺を散策し、夕方5時過ぎまでにトッレ
ニエリの駅に戻った。後は汽車でシエナに戻るだけである。名残を惜
しみながら車窓を眺めると、もう日は沈みかけていた。

　こうして蒸気機関車の旅が終わり、フランチジェナ街道を歩いた
思い出にまた1つ楽しい記憶が付け加わった。

トッレニエリの街で休息する乗客。ここでも楽団が演奏して、乗客を楽しませてくれた。

昔のまま残されている車内の注意書き。
英・独・仏・イタリア語で書かれている。

方向転換した機関車を待つ客車

給水中の機関車

走行中に石炭を入れる焚口戸と機関士

この蒸気機関車は、1911年から1923年にかけて
470両製造された機関車の一つ。最高速度は時速
65km。

レトロな座席

11. 旅のゴール・中世都市シエナへ

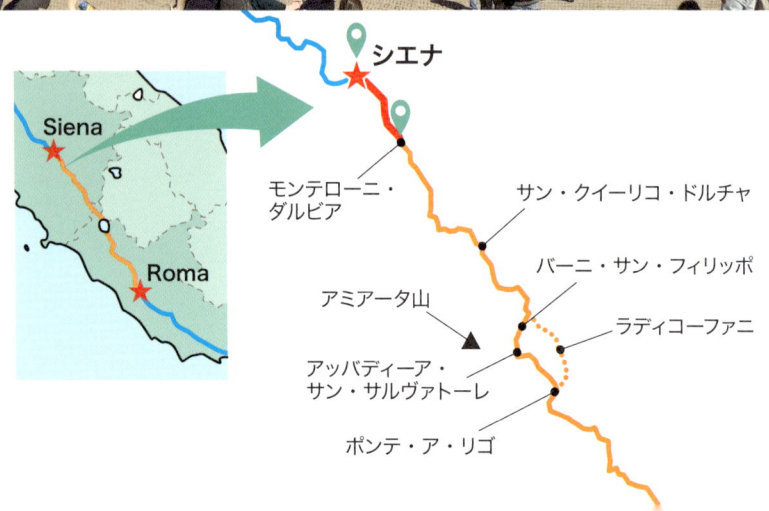

シエナ

モンテローニ・ダルビア

サン・クイーリコ・ドルチャ

バーニ・サン・フィリッポ

アミアータ山

ラディコーファニ

アッバディーア・サン・サルヴァトーレ

ポンテ・ア・リゴ

Siena

Roma

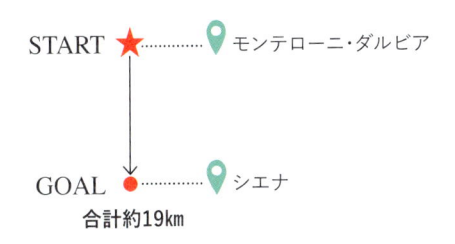

START ★·········· ◉ モンテローニ・ダルビア

GOAL ●·········· ◉ シエナ
　　　合計約19km

左：シエナの中心にあるカンポ広場
右：シエナ大聖堂

　今回は、いよいよアルビア渓谷を通ってシエナに到達する最後の
コースとなる。途中、中世シエナ共和国が建設した産業遺産がいくつ
か残されている。「中世都市の女王」と称されるシエナは、フランチ
ジェナ街道沿いの都市として繁栄を極め、そのレンガ色で統一された
優美な街は、現在もなお多くの訪問者を魅了している。2022年4月早
朝、筆者は春の優しい陽光に包まれながら出発した。

モンテローニ・ダルビア

　最後のコースは、モンテローニ・ダルビアの街からである。ここは、ブオンコンヴェントと並ぶアルビア渓谷の中心である。1000年頃からアルビア渓谷の開墾が進み、アルビア川やフランチジェナ街道を利用した交易が盛んになるにつれ、モンテローニ・ダルビアの街は発展してきた。アルビア渓谷から運ばれた物資は大都市シエナの繁栄を支え、シエナの発展は後背地であるアルビア渓谷の人々の暮らしを向上させたのである。

　当時の発展ぶりを偲ばせる貴重な産業遺産が残されている。旧市街で一際威容を誇っている水力製粉所である。実際に外から見てみると、窓が上下三層に並ぶ大規模な建物であり、あたかも要塞のように道行く人を見下ろしている。中世の製粉所としては、数少ない現存例である。

　中には残念ながら入れなかったが、内部には当時の最先端技術を駆使した4つの粉砕器や水圧装置が備え付けられているそうだ。その裏側には満々と水をたたえた貯水池があり、周囲は美しい公園として地域の人々を和ませている。

　製粉所が当時いかに重要だったかは、パンが古代ローマ時代からヨーロッパの主食だったことからも想像に難くない。古代ローマ時代は奴隷や家畜の力に頼って製粉作業を行っていたが、中世に入ると水力の利用が広がった。ただ水力

モンテローニ・ダルビアの製粉所。1300年頃に建設されたが、その後なんと1786年まで、実に約5世紀に亘って稼働し続けた。

は、流水量や水圧の調整、領域内を流れる河川や水源の管理が必要となる。また地域社会にとって不可欠なインフラである以上、外敵から守る能力も必要であった。つまりモンテローニ・ダルビアの製粉所を安定的に操業させるためには、高い技術

製粉所の裏の貯水池。満々と水をたたえた貯水池からは、現在もなお製粉所に向けて水が勢いよく流れ落ちており、周囲に清々しい空気を漂わせている。

力と、アルビア川の治水能力、流域の防衛力が必要であった。中世のシエナ共和国は、それだけの能力を備えていたわけである。

春のモンテローニ・ダルビア郊外

クナ地区のグランチャ。元々は、フランチジェナ街道を往来する巡礼者や商人の宿泊施設として12世紀に建造された。正面は入口。

更に30分ほど歩くと、モンテローニ・ダルビアのクナという地区に達する。ここにも注目すべき中世の産業遺産がある。グランチャと呼ばれる穀物倉庫である。

単なる倉庫かと思いきや、目の前にあるのは堅固な要塞である。建物の中に入ると、馬が荷物を背に乗せたまま中に入れるように、スロープや天井の高い部屋が残されている。

この施設は、14世紀に麦や雑穀を保存するための倉庫として改築され、更に外敵からの攻撃に備えるため要塞化された。14世紀といえば、11世紀から13世紀まで続いた経済発展が終焉を迎え、気候の寒冷化に加えて飢饉や黒死病が断続的に全ヨーロッパを襲った時期である。都市においてはパンの値段が高騰し、場所によっては価格が通常の年の5～6倍にまで高騰したという。したがって、日々の生活にとって不可欠である穀物や緊急時の備蓄物質を略奪から守るため、倉庫を要塞化するのは当時不可欠であった。

このような「要塞倉庫」は、シエナの周辺にいくつも建造されたが、このクナ地区のグランチャは、現存する貴重な例である。

❧ シエナ ❧

クナから歩くこと約12km、目の前に堂々としたロマーナ門が現れた。前門を有するシエナ最大の門であり、白と黒からなるシエナの紋章が誇らしげに高々と掲げられている。

ロマーナ門。かつては内壁に「聖母の戴冠」が描かれていた。シエナは、聖母信仰によって固く結びついた街であった。

　門の内側には、中世と同じ街並みが今もそのまま残っている。シエナ旧市街の建物には全て同じレンガが使われており、ややバラ色がかった焦げ茶色が全体として統一感をもたらし、落ち着いた雰囲気を醸し出している。

　旧市街の道をしばらく進むと、美しい中世の街並みの中心に小道があり、人々が吸い込まれていく。この先が「イタリア一美しい」と評されてきたカンポ広場である。

　広場に入ると、一面に敷き詰められているレンガの美しさに目を奪われる。通常他の都市では、広場に石材が使われているのと対照的である。この焦げ茶色の地面は、周囲に立ち並ぶマンジャの塔（時計台）やプッブリコ宮（市庁舎）と見事に調和し、華美な感じはなく、訪れる人の心を和ませてくれる。中世当時カンポ広場においては、定期的に市が立って人々が集い、祝祭の際には行列が練り歩き、シエナの聖ベルナルディーノが熱心に説教を行った。17世紀からは、パリオ（競馬祭）がここカンポ広場で開催されるようになった。旧市街の各地区対抗で行われるこのパリオは、毎年シエナ人を熱狂させてきた。シエナ人にとってこのカンポ広場は、中世の昔から政治・経済・宗教上の各種活動が行われてきた場所であり、市民生活の中心地であった。

　広場は扇の形をしており、排水口のある要の部分に向かってなだらかに傾斜している。これは汚水が溜まらないようにとの衛生上の工夫である。

プッブリコ宮の現在（左）と昔（右：サノ・ディ・ピエトロ作、15世紀、シエナ大聖堂付属美術館所蔵）

　プッブリコ宮の並びにある観光案内所を訪れて、「巡礼パスポート」に白と黒の市章からなるシエナ市のスタンプを頂いた。最初のページから見返してみると、ついにローマからシエナまで踏破したという実感が湧いてきた。

　シエナには、豪華絢爛な大聖堂やイタリアの守護聖人とされている聖カタリナゆかりの教会、多数の美術館など見どころはつきない。したがってこの日は、フランチジェナ街道にゆかりのある絵画、つまりプッブリコ宮にあるアンブロージョ・ロレンツェッティの名作《都市と田園における善政の効果》とサンタ・マリア・デッラ・スカーラ救済院「巡礼の間」にあるフレスコ画の２つに絞って鑑賞することとした。
　《都市と田園における善政の効果》は、シエナが共和国として繁栄を極めた14世紀前半、人々が都市や農村において営む多様な生活や風景を生き生きと描きだした絵画であり、イタリア絵画史上稀に見る最高傑作の一つである。19世紀フランスの画家モーリス・ドニは「町中

の様子や田園の情景は、ドガやボナールと同じぐらい直截で生き生きしている」と絶賛している。

　壁一面に描かれたこの絵の右側には「恐れることなく全ての人を安全に往来させ、収穫させ、種まきをさせよ。街が正義によって支配される限り。」と書かれた吹き流しを持つ女神の下で、従者を連れて狩りに出かける貴族、商品をロバに積んで橋を渡る商人などが道を行き交っている。長閑な農村風景の中には、農民、豚飼い、羊飼いなどが描かれ、遠くにはオリーブ畑やブドウ畑、貴族の館や城砦も見える。脱穀や収穫作業に勤しむ農民は忙しそうで、今年は豊作のようだ。

　この絵は、描かれている人々の様子を仔細に見れば見るほど、自分もまた絵の中に引き込まれて、シエナの繁栄ぶりを実際に見聞きしたかのように感じられる。そして城外の平和で長閑な景色からは、大自然に優しくつつまれて農耕生活を営んでいる感覚、そして、どこか懐かしい雰囲気までもが伝わってくる。

　とりわけフランチジェナ街道を旅してきた者がこの絵画を見ると、画中の人に自らを重ね合わせずにはいられない。絵画の中に引き込まれることで、自らがシエナに至るまでに見聞きした景色や体験を記憶の中から蘇らせ、この絵画が描き出す情景と照らし合わせるのだ。こうして経験を反芻することで、また新たに豊かで深い世界を心の中に醸し出し、記憶に再定着させていく。それは客観的に《都市と田園における善政の効果》を分析する姿勢とは全く異なり、実際にフランチジェ

《都市と田園における善政の効果》（部分）。繁栄を極めていたシエナの都市生活が詳細に描かれており、華やかな服をまとって進む騎乗の貴族、仕事に勤しむ職人や商人、タンバリンに合わせて優雅に踊る女性などが見られる。

ナ街道を旅してきた者しかできない鑑賞の醍醐味である。

　ふとこのプロセスにおいて、フランチジェナ街道を旅した記憶の中から呼び起こされた情感と、目の前にある《都市と田園における善政の効果》から伝わってくる雰囲気とが同じものであることに気づいた。それもその筈である。現在のフランチジェナ街道が通っているオルチャ渓谷やアルビア渓谷は、14世紀にロレンツェッティが《都市と田園における善政の効果》の中で生き生きと描き出した理想郷を現代に蘇らせたものだからである。

　かつてこれらシエナ周辺の地域は、農業や牧畜に適さない不毛の場所であったが、ロレンツェッティの理想を目指して長年に亘って開墾が進められた。更に最近になってからも、自然と人間の共存を目指して、地域住民のたゆまぬ努力により、ゆったりとした時間の中で自然の恵みが人間にもたらす豊かな生活や、優しい自然の中で旅人が安心して行き交う場所が意識的に作り出された。オルチャ渓谷が「文化遺産」として世界遺産に登録された理由もここにある。オルチャ渓谷は「自然」としてではなく、中世以来人々が理想としてきた美を実際に体現させた「文化」として世界的に評価されたのである。

　このことを裏返していえば、ロレンツェッティが生きた14世紀においては、《都市と田園における善政の効果》が描き出した豊かな田園生活は、残念ながら存在しなかっ

《都市と田園における善政の効果》（部分）。城門を出る貴族と収穫に忙しい農民。黒色に白い帯がある豚は、中世以来シエナ近郊で飼育されてきたチンタ・セネーゼと呼ばれる高級豚。現在完全放牧で、山に自生するクリやドングリなどで飼育されている。

たということである。それどころか、当時は厳しい現実に直面していた。この絵が描かれた14世紀以降、シエナは度重なる飢饉と黒死病に苦しめられた。とりわけ1348年に流行した黒死病の打撃は大きく、少なく見積もっても人口の半分を失ったと推定されている。作者であるアンブロージョ・ロレンツェッティもまた、その黒死病の犠牲者だったといわれている。つまり《都市と田園における善政の効果》で描かれているような豊作は、当時夢また夢だったのである。

　さてプッブリコ宮を出て10分ほど歩くと、白と黒の縞模様の大理石が美しいシエナ大聖堂の前に出る。均整のとれたファサードには、精密で細かい彫刻が一面に施されており、いくら見ても見飽きることはない。

　これとは対照的に、大聖堂前のサンタ・マリア・デッラ・スカーラ救済院は、地味な建物である。しかしこの救済院は、中世以来シエナの有力者達から巨額の寄付を受けて病人や貧困者への支援、孤児の保護、巡礼者の世話といった慈善活動を展開してきた重要な社会団体であった。その上、モンテローニ・ダルビアの製粉所やクナの穀物倉庫を始めとする穀物の加工・貯蔵施設をシエナ領内にいくつも所有し、シエナの食料安全保障を支えていた枢要な公共機関でもあった。

　シエナの歴史は紀元前まで遡るが、本格的に栄え始めたのは、ランゴバルド王国が街道を整備し、フランチジェナ街道がシエナを通過するようになってからである。このようにシエナは、フランチジェナ街道と切っても切れない関係にあり、このサンタ・マリア・デッラ・スカーラ救済院の建設が始まったのも、本格的に巡礼者が増加した12世紀末のことである。病院（hospital）と宿泊施設（hotel）は、同じラテン語の語源（hospes：旅人や客の意）に由来するが、この救済院は、巡礼者のために医療と宿泊を提供したヨーロッパ最古の例として注目される。しかもその後、この建物は実に1995年まで現役の病室として使われてきたというから、その長年に亘る活動に驚かされる。

さて一番の見どころは、この建物の中にある「巡礼の間」である。壁一面に描かれている色鮮やかな15世紀のフレスコ画のテーマは、建設から始まる救済院の歴史や当時の救済院の活動である。実際に働いていた看護師への給料の支払いや、病人の外科的治療、更には救済院で育った孤児達の婚礼などが色鮮やかに描かれており、当時の活動について視覚的に理解することができる。そのうちの一枚には、貧者に対する食物の配布が描かれており、押し寄せる人々の中には、目印にホタテの貝殻を付けた巡礼者もいる。ホタテの貝殻といえば、漁師だった聖ヤコブの象徴として、スペインのサンティアゴ・デ・コンポステーラを目指す巡礼者が身につけていたといわれるが、かつてフランチジェナ街道を旅する巡礼者も同様に身につけていたのかもしれない。「巡礼の間」という名が示すように、フランチジェナ街道を往来した多数の巡礼者は、この部屋に宿泊した。長い旅路を経てシエナに到着し、このような豪華な部屋で休息を許され食料を提供された巡礼者等は、この場所をまるで慈愛に満ちた天国のような場所だと感じたのではなかろうか。

　当時の巡礼者が休んでいる様子を想像しながら救済院を出ると、夕暮れ時が迫ってきた。「イタリアで最も美しいゴシック建築」と称されるシエナ大聖堂は別の機会に訪れることにして、この日は大聖堂付属美術館の奥にあるファッチャトーネに上ってみることにした。

巡礼の間

「巡礼の間」のフレスコ画（部分）。救済院の修道士が、門の前で生活困窮者や孤児などにパンを配っている様子。奥には、貝殻を付けた帽子を被り、キリストを模した顔の巡礼者が描かれている（下は拡大図）。中央では、修道士が衣類を与えている。

　ファッチャトーネとは、建設途上で残されたシエナ新大聖堂正面の遺構である。14世紀前半、シエナはフィレンツェの大聖堂に対抗して現在の大聖堂を更に拡張しようと工事を始めたものの、黒死病による打撃を受けたため、やむを得ず拡張計画を断念した。つまりここは、中世シエナ人が思いを馳せた夢の跡である。

　壁の中にある螺旋階段は、人一人しか通れない狭さである。足下に注意しながら徐々に階段を上っていく。一日歩いた足にはきつい。やがて頭上が開けると、そこにはシエナの全景を見渡すことが出来る素晴らしいパノラマが待っていた。上から見下ろす大聖堂は目の前に堂々たる威容を誇っており、その先には赤茶色をした大小様々な建物が周囲一面に密集している。視線を東側に移動させると、まるで手を伸ばせば届きそうなところに、カンポ広場やプッブリコ宮が見渡せる。中世シエナの都市全体を俯瞰するには絶好のロケーションである。

やがて太陽が徐々に西に傾くにつれて、光の下で輝いている部分が徐々に少なくなり、暗闇がひたひたとシエナの街に広がっていく。プッブリコ宮の隣に高々と立っているマンジャの塔も、まるでロウソクが短くなって消え行くように、徐々に暗い部分が上っていく。焦げ茶色の街を去る夕日の日差しは、最後まで柔らかい。

　日に照らされた部分がなくなると、いよいよ日没である。ローマから約280kmの旅もこれで終わりである。ふと我に返り、今まで歩いてきたフランチジェナ街道はどの辺なのだろうかと南のアルビア渓谷の方に目をやったが、シエナ旧市街の周りは暗闇に隠れ、見えなくなっていた。

夕日とシエナ大聖堂。遙か地平線の先に大きな夕日が沈んでいく。
大聖堂左の建物は、サンタ・マリア・デッラ・スカーラ救済院。

サン・ピエトロ大聖堂での巡礼証明書発行

　2022年5月。スタンプで埋まった「巡礼パスポート」を手に、バチカンのサン・ピエトロ大聖堂に向かった。踏破記念となる「巡礼証明書」を受け取るためである。

　事前にどこで「巡礼証明書」が貰えるのか欧州フランチジェナ協会（EAVF）に問い合わせてみたところ「サン・ピエトロ大聖堂の中の聖ペテロの墓の隣で発行している」との回答が返ってきた。巨大な大聖堂の中にある最も神聖な場所の近くに、証明書を発行するような場所はあるのだろうかと半信半疑であったが、サン・ピエトロ大聖堂を訪れて、聖ペテロの墓の近くにいた係員に尋ねてみると、脇にある別室で発行しているという。そこは聖具室の隣にあるガランとした広間で、ポツンと端に置かれた机に係員が座っていた。「巡礼パスポート」を見せると、係員はおもむろに引き出しから巡礼証明書を取り出し、緊張した手つきで一字一字名前を記入してくれたのだった。

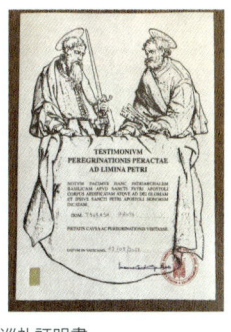

巡礼証明書

ローマから更に南に進むと……

　現在のフランチジェナ街道は、英国カンタベリーからローマまでで終わりではない。ローマから南下し「長靴のかかと」に位置するプーリア州サンタ・マリア・ディ・レウカまで続く遙かなる道のりである。ただプーリア州まで行かなくても、ローマからほんの少し南下するだけでも興味深い場所が多数存在する。

　例えば、ローマ中心部の旧城壁にあるサン・セバスティアーノ門を出ると、旧アッピア街道である。世界で最も古い舗装道路であり、今も古代の石畳がそのままの形で残っている。街道沿いは広大な公園となっており、週末はサイクリングやハイキングを楽しむ家族連れで賑わう。ここもフランチジェナ街道の一部である。

　更に先に進むと、ラツィオ州内だけでも次のような街がある。

・ローマ教皇の別荘地があるアルバノ湖畔のカステル・ガンドルフォ
・中世の神学者として名高い聖トマス・アクィナスが亡くなったフォッサノヴァ修道院
・ティレニア海を見下ろす丘の上にジュピター神殿跡が残されているテッラチナ
・風光明媚な港町として有名であり、現在米第6艦隊の本拠地となっているガエタ
・ローマ時代の遺跡が残っているミントゥルノ

ミントゥルノから先は、もうカンパニア州である。

　これらの街を結ぶフランチジェナ街道は、トレニタリアのローマ＝フォルミア＝ナポリ線にほぼ沿っているので、鉄道でも行くことができる。興味のある街を是非歩いてみて、本書では紹介しきれなかった魅力を見つけてほしい。

カステル・ガンドルフォ

アルバノ湖

フォッサノヴァ修道院

テッラチナ

ガエタ

ミントゥルノ

あとがき　〜イタリアを離れてみて〜

　2023年10月、筆者は命を受け、在イタリア大使館から在メキシコ大使館へと異動となった。

　大使館が所在する首都メキシコシティは、メキシコ全人口のうち約25％が居住する大都市である。立ち並ぶ高層ビルの間を多くの新車が行き交い、道行く人々は若者が目立つ。着任初日から、市内が活気に満ち溢れている様子が感じられた。

　巨大な北米市場に統合されているメキシコは、米国向け輸出と堅調な国内消費に牽引されて力強く発展している。加えて、最近の地政学的リスクやグローバルなサプライチェーンの混乱から、メキシコは米国向けの生産拠点として再認識され、製造業を中心に対内直接投資が急増している。通貨ペソは主要通貨の中で対米ドル騰落率がトップクラスであり、メキシコ中銀は、経済を失速させることなくコロナ後のインフレを抑えつつある。

　もちろん、インフォーマル経済に従事する労働者は雇用人口の約5割以上を占めると推定されており、新聞紙上では、殺人や強盗といった凶悪犯罪、麻薬カルテル等犯罪組織間の抗争と治安当局との衝突、組織的誘拐の横行などが日々報じられている。生活する上での治安への不安は、一般の日本人では想像できないレベルであるが、そうした不安を上回るほど、メキシコは、今、勢いがあるのである。

　一方、イタリアはどうであろうか。イタリアには、際だった特色を持つ街が、まるで万華鏡のように全土に散らばっており、一言でまとめるのは不可能である。その背景には、カトリックだけではなく、古代ローマ、エトルリア文明、更には古代ギリシャ文明の影響が重層的に重なっており、文化や思想、生活様式といった社会の隅々に至るまで大きな影響を与えている。それを承知の上で敢えて1つの答えを提示するならば、イタリアでは、長い歴史と伝統を基に、あらゆる分

野で既存の蓄積を様々に解釈しようと模索し、より革新的なものを作り出そうとする動きが感じられる。「一見古いようだが、実は新しい」のである。

　例えば、首都ローマの街並みである。「永遠の都」ローマは、古代ローマの遺跡と近世バロック時代以降の建物からなる世界遺産であり、景観維持のため外観を変更することは許されていない。しかし建物の内部は、目的や用途に応じて基本的に自由に変えることが可能である。古い歴史的外観を有する建物を訪問してみると、内部には驚くほど機能的で、かつ居住性の高い空間が拡がっているという経験に何度も遭遇した。器は古くとも中身は斬新なのである。

　このような改修手法を、イタリア語では「レスタウロ」（Restauro）という。歴史的建造物が多いイタリアでは、修復・修理を意味するレスタウロがとても大切な作業である。価値のある建造物や芸術作品の修復においては、今後の研究資料として未来に残すためにも、「歴史的価値を損なわないで修復・再生させる」ことが特に重要だからである。新たに改修することは過去の形跡を破壊してしまうことにもなりかねない。

　そして建造物の歴史＝芸術的価値によっては修復・改修の許可を一々得なければならないイタリアにおいては、建築物に限らず、過去の歴史や思想、そこに現れる美や価値を十分に理解した上で、それを現代に生かし、未来に向け発展させようとするダイナミズムが動いている。それは、一見すると「古くさい」ようだが実はそうではなく、未来に向けた創造と革新なのである。観光や食を通じた地域経済発展のために、中世の巡礼の道を現在に蘇らせたフランチジェナ街道や、長年の開墾作業を発展させ、ロレンツェッティの理想を現前させたオルチャ渓谷は、まさにその具体例といえるだろう。

　本書は、そのようなイタリアの魅力の一端を少しでも伝えてみようとした一つの試みである。イタリアは、所詮数年程度しか滞在していない外国人が理解するにはとてつもなく深遠であり、必死に捉えよ

うともがいても、常に別の角度から
の解釈が提示されて従来の理解の見
直しを迫ってくる厄介な存在である。
しかしイタリア人は、そのような外
国人に敬意を持って接し、共に議論
を楽しむという「懐の深さ」を持っ
ている。イタリア人からはまだまだ
だといわれるかと思うが、読者が少
しでもイタリアの魅力を楽しんでい
ただければ望外の喜びである。

筆者と後藤義人氏
ラツィオ州ガエタ付近にて。たまたま
フランチジェナ街道の標識を設置して
いる関係者と遭遇、記念写真を撮って
いただいた。

　最後に、本書の執筆にあたりご助
力頂いた方に触れておきたい。在イ
タリア日本国大使館前専門調査員の
後藤義人氏からは、折に触れて深い
学識に基づく有益なコメントをいただいた。ヴィテルボ在住のスザン
ナ・ビガンゾーリ氏からは、ヴィテルボを中心としたトゥーシア地方
の魅力を存分に教えていただいた。またモンテフィアスコーネ在住の
郷土史家であるクィント・フィカリ氏は、「エスト! エスト!! エスト!!!」
を飲みながら、聖フラビアーノ大聖堂に関する筆者の様々な疑問に快
く答えてくださった。幻冬舎ルネッサンス編集長の浅井麻紀氏は、筆
者の構想を実現すべく、辛抱強くかつ丁寧に対応していただいた。心
より深謝申し上げたい。

　そして、フランチジェナ街道を歩く筆者をローマから毎回車で送り
迎えしてくれた妻にも、この場を借りて感謝を伝えたい。勤務しなが
ら毎回20km、時には30kmを超える距離を歩くのは正直大変で、途中心
細くなることも多かったが、ゴールで妻が待っているという大きな安
心感で乗り切ることができたと思う。

　本書は母が傘寿を迎えた日に発行する。感謝と共に本書を捧げる。

フランチジェナ街道のローカル料理

　20kmから30kmほど歩くのは身体に堪える運動であり、毎回、ゴールに辿りついた後の食事を励みに歩き続けた。各種手打ちパスタ、ボルセーナ湖の魚料理、トスカーナの肉料理など、地元の食材を使った食事は美味である上に見栄えも美しく、無名の店でもレベルが高く、さすが美食の国イタリアと驚くことばかりであった。

1 2 カンパニャーノ・
　　ディ・ローマ
3 4 モンテフィアスコーネ
5 　 ボルセーナ
6 　 アクアペンデンテ
7 　 ラディコーファニ
8 　 シエナ

135

ローマでお世話になった地元の皆さま

　最後に、ローマでの食を彩り支えて下さった皆さまを紹介したい。平素から大変お世話になった近所のレストランや市場の皆さまは、異国の地で不慣れな筆者に対し常に気軽に話しかけ、今日のおすすめや旬の食材を教えてくれた。古くからの友人のように温かく接してくださった皆さまに、心より感謝申し上げたい。

（上段）Urbana 47 / Via Urbana 47, 00184 Roma, https://urbana47.com/
（中段）KABB / Via Mantova 9, 00198 Roma, https://www.kabb.it/
（下段）Mercato Nomentano / Piazza Alessandria, 00162 Roma,
　　　http://www.mercatidautore.com/mercati/nomentano/

　　　　　聖フラビアーノ大聖堂の謎

1　聖フラビアーノ大聖堂

1.1.　概要

　聖フラビアーノ大聖堂は、モンテフィアスコーネ旧市街の外に位置している。かつては、フランチジェナ街道沿いの大聖堂として、ローマに向かう巡礼者や現地の人々の信仰の拠り所であったが、現在では、モンテフィアスコーネ周辺で生産される白ワイン「エスト！エスト!! エスト!!!」ゆかりのヨハン・ドゥフック（Johannes Defuk）司教の墓があることで有名である。

　しかしながら、その建物の構造や描かれているフレスコ画は、他の地方では見られない様々な特徴を有している。

　正面から見ると、まるで要塞のような印象がある。聖フラビアーノ大聖堂は、11世紀に建てられた下層部と13世紀に建てられた上層部の２つの部分からなり、それぞれ異なる方向を向いているというユニークな構造をしている。

　下層部には、非対称のファサードがあり、３つのゴシック様式のアーチを有している。内部は、ロマネスク様式の柱によって支えられており、柱頭には、葉や花などの植物文様、ライオンなどの動物が彫られており、その中には訪問者を上から見つめる小人もいる。壁面は、比較的保存状態の良いフレスコ画によって色鮮やかに飾られており、訪問者の目を奪う。左側には、後から増築された礼拝堂があるが、右側にはない。

　上層部には、下層部右側廊の奥から階段で上ることができる。上層部中央には、一階を見下ろすことができる比較的大きな開口部があり、壁際には、1262年に教皇ウルバヌス４世によって奉献された祭壇と天蓋を有する小さな玉座がある。

　中世史を専門とするニュールンベルグ大学のヴェルナー・ゲッツ名誉教授は、下層階にある柱頭彫刻を「イタリアにおける中世彫刻の最も素晴らしい創造に属している」と評価しているが、特徴的な二層構造について、イタリアではなく「アルプス以北のホーエンシュタウフェン朝時代の城内礼拝堂に特徴的である」と指摘[1]した。

　二層式になっていることは、聖フラビアーノ大聖堂が斜面を切り崩して建

---

[1] Wernar Goez, *Von Pavia über Parma-Lucca-San Gimignano-Siena-Viterbo-nach Rom. Ein Reisebegleiter entlang der mittelalterlichen Kaiserstraße Italiens* (1972) p.187

てられた影響ではないかと思われるが、ロマネスク様式・ゴシック様式が混在している特徴には、当時の政治・社会的背景を反映しているだけでなく、様々なミステリーが隠されている。

　当論考では、このような魅力ある聖フラビアーノ大聖堂に関する主要論点を紹介、整理することにより、聖フラビアーノ大聖堂が所在するモンテフィアスコーネの歴史の一端を浮かび上がらせてみたい。

1. 2. 時代区分

　聖フラビアーノ大聖堂の歴史については不明な部分が多いが、モンテフィアスコーネ市が正面に設置した案内板には、概要以下の通り説明されている。

　1032年、聖母マリアに捧げられた教会跡に、ロマネスク様式の教会が建てられた。ここは、ローマ時代の道が交差する場所であり、その基礎は、ある程度エルサレムにある聖墳墓教会に基づいている。14世紀始めには、ロマネスク様式の教会は拡張され、新たにゴシック様式のファサードが付け加えられた。今日残されている内部のフレスコ画は、14世紀及び15世紀に描かれたものであり、ローマ・トスカーナ・ウンブリア派の画家により描かれた。入口右側には、この地でワインを飲み過ぎて亡くなった伝説上の人物であるドゥフックの墓がある。

　この簡単な説明から、聖フラビアーノ大聖堂は、（１）1032年から14世紀初めまでの時期、（２）14世紀以降にゴシック様式のファサードが付加されてフレスコ画が描かれた時期、の２つに大別することが出来よう。以下では、便宜的に（１）を「ロマネスク様式期」、（２）を「ゴシック様式期」と呼ぶことにする。加えて、同大聖堂の歴史的変容の謎をつきとめるには、「ロマネスク様式期以前」も考慮せねばならない。

2.「ロマネスク様式期以前」の聖フラビアーノ大聖堂
2. 1. 概要

　1032年に、ロマネスク様式の教会が再建されたことは、おそらく間違いないだろう。入口左側のファサードの内側にはめ込まれた碑文があり、ここには、ランド（Landus）と呼ばれる人物が、「1032年に廃墟と化していた教会を基

礎から再建し、上部の身廊を高くするため熱心に働いた。」と書かれている[2]。なお碑文自体は、文字の特徴から13世紀中頃から14世紀前半のものと考えられる[3]。

それ以前は、聖母マリアに捧げられた教会があった。教皇レオ4世（在位847年～855年）が852年に発出した文書の中に「祝福された殉教者フラビアヌスの遺体が眠る聖母マリア教会と隣接する集落」の記載がある[4]。9世紀から始まる文書やサン・サルバトーレ修道院の文書にもフラビアーノに関する言及があり[5]、フランチジェナ街道の基となったカンタベリー大司教シゲリック（Sigeric）が990年に書いた旅程表にも「サンクテ・ヴァレンティン」（Sancte Valentine：現在のヴィテルボ近くのブリカメ）と「サンクタ・クリスティーナ」（Sancta Cristina：現在のボルセーナ）に挟まれた「サンクテ・フラヴィアーネ」（Sancte Flaviane）の記載がある。おそらく、9世紀から10世紀頃には、フランチジェナ街道を往来する者が宿泊できるような集落があったのであろう。

ただ、殉教者フラビアヌスについては、背教者ユリアヌス帝時代の殉教者であり、キリスト教徒であることを自白したため顔に奴隷の烙印を押され、この地域の浴場で強制労働をさせられたという伝承しか残っておらず、その正体を明らかにすることはほぼ不可能である。モンテフィアスコーネ以外の場所で、殉教者フラビアヌスを祀っている教会や都市は見当たらず、非常にローカル色の強い聖人である。

---

[2] 訳文は次の通り。「この碑文は、1032年、二度の破壊によってすでに廃墟と化していたこの寺院が、再び礼拝と信心に適したものとなったことを、全ての人に知らしめた。立派なランドは、この建物を設立するために最大限の努力をし、上まで完全に自分の仕様で建設させた。この神殿を統べる神が、モンテフィアスコーネの人々がその名誉のために、彼らの泉であるこの神殿の境界線を設定した、その名もフラヴィアヌスという聖なる父とともに、常に彼を助けてくれますように。その名にふさわしい、繊細な工夫で建物全体を一つの軸に設計した優れた建築家が、この神殿を設計した。」Lucilla Pacetti, *L'epigrafe Sulla Datazione Della Chiesa Romanica di S. Flaviano a Montefiascone*, in *Archivio della Societa Romana di Storia Patria*, Vol. 116 (1993) p.70
[3] Pacetti(1993)は、1032年ではなく1302年と解釈する説があることを紹介しつつ、文字は14世紀から始まるローマ・ラツィオ地域に特徴的なゴシック体であること、サン・フラビアーノ大聖堂の改修工事を行ったとされる教皇ボニファティウス8世に何ら言及がないことから、1032年説を支持している。pp.69-71
[4] Giuseppe Cappelletti, *Le chiese d'Italia dalla loro origine sino ai nostri giorni*, Vol. 5 (1846) pp.80-87
[5] Pacetti (1993) p.66

3.「ロマネスク様式期」を巡る論点
3.1. 概要
　1032年に再建された教会の形態・構造については、2つの議論がある。一つは、フランチジェナ街道沿いの教会であり、巡礼者の「聖なるものの可視化」というニーズに応えるべく、エルサレムの聖墳墓教会に似た変形八角形の形をしていたとする仮説である。もう一つは、神聖ローマ帝国ホーエンシュタウフェン朝の要塞の一部、乃至はその礼拝堂だったという仮説[6]である。どちらが正しいのだろうか。

3.2. 論点
（1）「ロマネスク様式期」の聖フラビアーノ大聖堂がエルサレムの聖墳墓教会に似た形態を有していたとする考え方は、入口左側ファサード裏の碑文に基づく。この中で「上まで完全に自分の仕様で建設させた」（farlo costruire interamente a sue spese fino alla sommità）、「建物の全体を一つの軸に設計した」（architetto con ingegno sottile tutto lo sviluppo dell'edificio intorno ad un solo asse）とある部分は、当時の建築構造を推測する上で重要である。

　この点につき、聖フラビアーノ大聖堂の構造は、トスカーナ大公コジモ1世の命により1561年に破壊されたアレッツォの聖ドナート大聖堂の構造と類似しているのではないかとの指摘がなされてきた[7]。同じ1032年にアレッツォのピオンタの丘（Colle del Pionta）に奉納された聖ドナート大聖堂[8]は、司教アダルベルト（Adalberto：在位1014年〜1023年）の依頼によりラヴェンナに派遣され、同地にある聖ヴィターレ教会を研究した建築家マジナルド（Maginardo）により設計された。聖ドナート大聖堂は、細長い卵型八角形のプランを持つ2階建てであったといわれている。そして、ヴァザーリが描いたとされる聖ドナート教会の平面図を基に作成された、聖フラビアーノ教会下層階の平面図も残されている[9]。

　ラヴェンナの聖ヴィターレ教会は、エルサレムの聖墳墓教会に似た構造を

[6] Renato Busich, *San Flaviano a Montefiascone. Cappella della fortezza imperiale Sveva,* in *Biblioteca e società,* Fascicolo 1-2, giugno (2000)
[7] Emilio Lavagnino, *Osservazioni sulla pianta del San Flaviano di Montefiascone*, in *Miscellanea di storia dell'arte in onore di I.B.Supino* (1933) pp.41-47
[8] 1561年、コジモ1世の命により取り壊され、現在はない。
[9] Bruno Maria Apollonj Ghetti, *Architettura della Tuscia* (1960) p.159

している。モンテフィアスコーネから数十キロ北にあるフランチジェナ街道沿いのアクアペンデンテには、聖墳墓大聖堂がある。この地下聖堂は、実際、エルサレムの聖墳墓教会と相似した構造を有していることも踏まえると、巡礼の道であるフランチジェナ街道沿いにエルサレムの聖墳墓教会に似た教会がモンテフィアスコーネに建設されたとしても不思議ではない[10]。

　しかしながら、このような議論は類推の域を出ておらず、これまで得られた資料からは「ロマネスク様式期」の聖フラビアーノ大聖堂がどのような形態だったのか明確ではない[11]。また聖フラビアーノ大聖堂で行われた最近の発掘調査からも、このような形態の壁の痕跡は見つかっていない[12]。

（２）神聖ローマ帝国ホーエンシュタウンフェン朝の要塞の一部、乃至はその礼拝堂だったという仮説は、前述のニュールンベルグ大学のヴェルナー・ゲッツ名誉教授が提示している。また Bonfanti（2005）は、結論として、聖フラビアーノ教会が教皇領の境界線上にあること、カッシア街道沿いであること、教皇や皇帝が頻繁に滞在したことが資料によって証言されていることから、聖フラビアーノ大聖堂は、アルプスの北から影響を受けたという仮説が成り立つとしている[13]。

　具体的な滞在記録として頻繁に引用されるのは、教皇グレゴリウス７世が、ベアトリクス・フォン・ロートリンゲン（Beatrix von Lothringen）と、その娘であるトスカーナ女伯マティルデ・ディ・カノッサ（Matilde di Canossa）と面会（1074年）した件であり、この中で、聖フラビアーノ教会（castrum Sancti Flaviani）への言及がある[14]。また1185年に神聖ローマ帝国

[10] ボルセーナ側からモンテフィアスコーネ市に入る際の案内板にも、概要以下の説明がある。「使徒の墓、すなわちローマを目指した人々は、聖地を旅する巡礼者であった。この道は、巡礼のための道具であり、空間の神聖化のプロセスを辿る。『聖なるものの視覚化』というニーズに応えるため、エルサレムの聖墳墓教会に刺激された聖堂が建築され、ロマネスク様式の聖フラビアーノ大聖堂もそうである。」なおここで言う「道」とは「フランチジェナ街道」を指す。Giancarlo Breccola も、この主張を支持している。Giancarlo Breccola, *San Flaviano a Montefiascone. Cappella della fortezza imperiale sveva?* in *Biblioteca e società,* Fascicolo 3, settembre（2000）
[11] Novella Bonfanti, *La chiesa di San Flaviano a Montefiascone: ipotesi di una Rotonda,* in *Le rotonde del Santo sepolcro: un itinerario europeo*（2005）pp.233-245
[12] C.Capuani e E.Genovesi, *La Basilica Santuario di S.Flaviano a Montefiascone*（1984）p.106
[13] 註11参照。
[14] Bonizone, *Liber ad Amicum*（1891）p.604など。この中に"Interea venerabilis Gregorius expeditionem contra Normannos preparabat, veniensque obviam duci Beatrici usque ad castrum Sancti Fabiani, eam simul cum filia ad expeditionem invitabat"とある。

フリードリヒ1世バルバロッサが発出した文書からは、モンテフィアスコーネには帝国の城砦があり、イタリア中部におけるホーエンシュタウンフェン朝の最も南端に位置する行政地域であったことが分かる[15]。

3.3. 検討

（1）聖フラビアーノ大聖堂と神聖ローマ帝国との関係を検討する上では、その背景として、まず、モンテフィアスコーネにおいて神聖ローマ帝国と教皇国家との衝突が発生した12世紀から13世紀における記録を仔細に検証する必要がある。

・重要な事件として、1187年、サン・フラビアーノ村が焼き払われたとの記録[16]が挙げられる。この事件以降、サン・フラビアーノ村（乃至は教会）に関する記述は一切見当たらず、モンテフィアスコーネに言及する記録が増加する。

・1197年、トスカーナ公フィリップ・タンネ（後述）は、モンテフィアスコーネに宿泊した際、神聖ローマ皇帝ハインリヒ6世がメッシーナ近くで熱病により逝去したとの悲報を聞いた、との記録がある[17]。

・決定的なのは、1229年に集結したアルビジョア十字軍の後、1234年9月8日に神聖ローマ皇帝フリードリヒ2世が出した金印勅書である。モンテフィアスコーネで起案され、フリードリヒ2世の署名が入っている[18]。

（2）1187年の「焼き討ち事件」については、教皇がヴィテルボに「ヴィテルボの紋章であるライオンに鍵のついた旗」を実際に送ったのは1316年であることから、その信憑性を疑問視し、1197年にトスカーナ公フィリップ・タン

---

[15] *Quellen und Forschungen,* Istituto Germanico di Roma, 65/1985
[16] 「教皇クレメンス3世のヴィテルボの民兵は、神聖ローマ皇帝フリードリヒ1世から要塞の守備を任されたイルディ・ブランディーノ伯爵を破ってモンテフィアスコーネに追いやり、サン・フラビアーノの村を焼き払った。伯爵は、ヴィテルボの民兵を恐れて、自分とその財産の代わりにモンテフィアスコーネを枢機卿に与えた。この勝利に対して、教皇は、その象徴である鍵のついた旗をヴィテルボに送った。」Niccola della Tuccia, Cronache; in Ignazio Ciampi, *Cronache e Statuti della Città di Viterbo* (1872) pp.8-9
[17] 註6参照。
[18] ローマにおける暴動の結果、ローマを離れざるを得なくなった教皇グレゴリウス9世を支援するため、フリードリヒ2世は教皇側と共にローマ軍と戦った（ヴィテルボの戦い。1234年）。その際同皇帝は、モンテフィアスコーネのファリスコの丘（colle falisco：現在「教皇の砦」が存在する）に滞在し、ハヤブサ狩りを楽しみ、いくつかの行政文書を発行している。Quinto Ficari, *Il Mistero Dell'Affresco* (2018) p.31

ネがハインリヒ6世逝去の悲報を聞くことはありえないとする見方がある[19]。
他方、聖フラビアーノ大聖堂周辺は「多くの解体された建物の跡が見られ、
その周りには人骨の層が大きく散らばっている[20]。」との指摘があり、また
2015年には、聖フラビアーノ大聖堂から数百メートル離れた場所から、中世
の城壁らしきものが発掘されている[21]。

　したがって、聖フラビアーノ大聖堂が、神聖ローマ皇帝の要塞の一部だっ
たかどうかはさておき、聖フラビアーノ大聖堂周辺においては、神聖ローマ
帝国ゆかりの集落があり、その後戦乱により破壊されたことは確かだと思わ
れる。

（3）なお、12世紀から13世紀における聖フラビアーノ大聖堂周辺と「教皇
の砦」が存在するモンテフィアスコーネ旧市街との関係を整理すると、次の
通りである。

　ラツィオ州の「歴史的建造物ネットワーク」に関するホームページには、「教
皇の砦は（中略）古くから人が住み着き、10世紀から11世紀にかけては、サ
ン・フラビアーノ村と石造りの監視塔を中心とした小さな複合施設があった
戦略的な場所であった。しかし、ローマ教皇クレメンス3世（在位1187年〜
1191年）、特にインノケンティウス3世（在位1198年〜 1216年）の時代に強
固な防衛・居住構造となり、当時の軍事建築に沿った拡張・要塞化工事が行
われた。」とある[22]。1187年の「焼き討ち事件」の後、サン・フラビアーノ村
の住人は、より防御しやすい丘の周囲に移っている[23]。「焼き討ち事件」以降、
要塞化が進むなど「教皇の砦」周辺は発展する一方で、旧サン・フラビアー
ノ村には、聖フラビアーノ大聖堂が残る状態だったと推測される[24]。

[19] 註10参照。
[20] Luigi Pieri Buti, *Storia di Montefiascone* (1870) p.78
[21] Ficari (2018) p.21
[22] https://www.retedimorestorichelazio.it/dimora/vt/montefiascone/rocca-dei-papi/
[23] Lucilla Pacetti (1993)。なお、Pacettiは、「焼き討ち事件」に関するIgnazio Ciampi (1872)の
記載に続けて述べているが、出典はNiccolaなのかどうか不明。
[24] 1261年、ウルバヌス4世「教皇の砦」を訪れて修復を命じ、1262年には、聖フラビアーノ大
聖堂の上層階に石造りのカテドラルと祭壇を建てさせた。ウルバヌス4世は、フランス王ルイ
9世に対し「少し前にヴィテルボを離れ、教会の特別な城であるモンテフィアスコーネに向か
い、夏の暑さを避けるためにそこに長く滞在する。」と書き送っている。Giancarlo Breccola,
MONTEFIASCONE Guida alla scoperta (2006) p.31

4.「ゴシック様式期」を巡る論点

4.1. 概要

　聖フラビアーノ大聖堂が再び歴史に登場するのは、神聖ローマ帝国皇帝フリードリヒ2世が1250年に逝去し、モンテフィアスコーネ一帯がローマ教皇の強い影響下に置かれるようになってからである。

　1254年に選出されたアレクサンデル4世から1281年に選出されたマルティヌス4世までの教皇は、ほぼヴィテルボに教皇庁を置いたが、ヴィテルボに近い戦略的な場所で、かつ夏の暑さもしのげるモンテフィアスコーネは、歴代教皇が好んで滞在する場所であった。1262年、ウルバヌス4世は、サン・フラビアーノ大聖堂の上層階に祭壇を立てさせた[25]。1282年、マルティヌス4世[26]は、「シシリアの晩鐘」事件において、アラゴン王国のペドロ3世を破門したが、破門状は聖フラビアーノ大聖堂に張られた[27]。1301年及び1304年の書簡には、ボニファティウス8世及びベネディクトゥス11世が東側正面の拡張工事につき言及している[28]。したがって、下層階内部のフレスコ画は、早くとも13世紀後半以降に描かれたものということができよう。

4.2. 論点

　「ゴシック様式期」の論点は、これらフレスコ画に関するものである。具体的には、下層階左側最初の礼拝堂入口上部に描かれている「三人の騎士と三人の骸骨の出会い」であり、ここに描かれている騎士は、神聖ローマ皇帝フリードリヒ2世とその家族である、との指摘がある。1300年頃に描かれたとすると、なぜ教皇領において、当時教皇と対立することが多かった神聖ローマ皇帝の姿を死後50年も経ってから描いたのだろうか。

---

[25] 新祭壇には、ウルバヌス4世が1262年、高位聖職者と共に様々な聖人に捧げる旨が彫られている。

[26] マルティヌス4世は、モンテフィアスコーネに面するボルセーナ湖産鰻のヴェルナッチャのワイン漬けが好物で、過食により亡くなったといわれている。ダンテ『神曲』においては、死後煉獄で贖罪の日々を過ごしている（煉獄篇第24歌）。なおヴェルナッチャ（Vernaccia）といえば、今ではサン・ジミニャーノ産のブドウ品種が有名であるが、当時は白ワイン一般のことを指していたらしい。

[27] 「紙または羊皮紙の文書で、殉教者聖フラビアーノ教会の正面に掲示し、ドアの上の入口に貼り付けて公示されなければならない。」(Processus Martini P.[apae] IV [aliis II] contra Petru[m] Arragonae et Palaeologum)とある。Stanford University, *Manuscript Document, ca. 1281*

[28] Vitaliano Tiberia, *La Basilica di San Flaviano a Montefiascone* (1987) p.15

4.3. 検討

4.3.1. 「三人の騎士と三人の骸骨の出会い」

（1）「三人の騎士と三人の骸骨の出会い」は、死者である三人の骸骨が、三人の若い騎士に対して、この世の権力や名誉、富は無駄であることを説く死の図像表現である。13世紀後半以降、ヨーロッパにおいて拡大する。その始まりについては、アラビア、ペルシャ、更には中国からの影響があるといわれており、ヨーロッパにおいていつから広がったのかについても定かではないが、1275年頃、吟遊詩人ボードアン・デ・コンデ（Baudouin de Condé）の詩が契機にフランスで広まったとされる[29]。時期的には、煉獄が教義化される時期に該当し、死後の世界に関する思想が発展していく時期に該当する[30]。

（2）イタリアにおいては、このような絵画例は13世紀後半から15世紀にかけて13例確認されているが、聖フラビアーノ大聖堂のものは比較的古い部類に属する。図像は、鷹を持った王とその妻、王子と思われる3人が、2名の骸骨と出会う場面であり、上には、聖マカリウスが「自分は何者で何が避けられないかを考えよ[31]」と書かれた吹き流しを持っている。左側には、犬や馬が描かれている。なお本来は3名の骸骨が描かれていたものと思われる。

　Ficari（2018）は、この図像と、フリードリヒ2世の本拠地があったバジリカータ州メルフィの岩窟を掘って作られた聖マルゲリータ教会の図像と酷似していることから、この3名は、神聖ローマ皇帝フリードリヒ2世とその妃イザベラ、そしてコンラード4世であると指摘している。確かに手に鷹を持っている王は、モンテフィアスコーネ周辺でさえも鷹狩りを楽しんだフリードリヒ2世を連想させるし、その帽子は、金色を背景に4本の赤色からなるアラゴン王国の紋章と同じである。アラゴン王国は、当時シチリアを統治しており、フリードリヒ2世はシチリア州パレルモに埋葬されている。フリードリヒ2世は、実際にモンテフィアスコーネに滞在していたことを考えると、聖フラビアーノ大聖堂を訪問した人や地元の人は、骸骨と会話している王が誰なのか、一見して直ちに理解したことであろう。

---

[29] Ficari (2018) p.93

[30] グレゴリウス10世が開催した1274年の第二回リヨン公会議において、死後、浄罪的あるいは浄化的刑罰によって生前の罪が清められると定められた。藤崎衛「はかなき肉体」（『死生学研究』11号：2009）

[31] Maria Teresa Solazzi, *Guida alla Basilica di S. Flaviano* (1969) p.33

4.3.2. 聖フラビアーノ大聖堂におけるメッセージ

（1）大聖堂下層階における他の絵画を見てみる。入口右側2番目のルネッタには、聖母像の左に聖カトリーナと使徒ヨハネ、右側に聖ベルナルドと聖ルチアが囲んでいる。その左下にはキリストの磔刑、右側には、洗礼者ヨハネとウルバヌス4世[32]が描かれている。入口右側1番目のルネッタには、キリストの磔刑、その下に聖ニコラスの故事を描いた絵画が続き、一番下には、3つの美徳（信仰、希望、慈愛）を示す女神と大天使ミカエル、そしてアレクサンドリアの聖カタリナとカリタスが聖フラビアーノを挟んでいる。

　ファサードの内側右側には、受胎告知とキリスト降臨、マギの訪問が描かれている。入口上部は剥落して見にくいが、入口左側に聖フランチェスコが描かれており、その隣には、アレクサンドリアの聖カタリナの故事がルネッタにあるキリストの磔刑の下に描かれている。

（2）これらを通じて読み取れるメッセージは、まず、献身と自己犠牲の精神である。特に、アレクサンドリアの聖カタリナが何度も強調されているのは特徴的であり、十字軍の精神的支柱となった聖ベルナルドが描かれていることと併せると、フランチェスコ会にとって重要なテーマである「信仰による殉教の称揚」が全体を通底している[33]。実際、1222年、聖フランチェスコはモンテフィアスコーネを訪れ、その後修道士を「福音を理解し生きる方法を市民に教えるために」この村に残している[34]。次に、慈善の精神であり、このことは、弱き者や貧者の味方を象徴する聖ニコラスが強調されていることからも分かる。アッシジの聖フランチェスコ大聖堂には、1296年頃から建設が始まったと推測される聖ニコラ礼拝堂があるが、慈善の精神は、フランチェスコ会にとって重要な思想の一つである[35]。

---

[32] 絵画上部には「福者ウルバヌス(Beatus Urbanus)」と書かれている。Tiberia(1987) はウルバヌス5世としているが、ウルバヌス5世が列福されたのは1870年であり、ウルバヌス4世の間違いであろう。

[33] Tiberia (1987) p.43

[34] Rinald Cordovani, *I Cappuccini a Montefiascone* (1982) p.15。その際設立された修道院は、現在、モンテフィアスコーネ市民病院となっている(Via Verentana 01027)。

[35] Tiberia (1987) p.44

4.3.3. フランチェスコ会との関係

（1）では、このようなフランチェスコ会と神聖ローマ皇帝フリードリヒ2世が描かれているとされる「三人の騎士と三人の骸骨の出会い」は、どのように結びつくのであろうか。

　信仰のための犠牲と慈善の精神に重点を置くフランチェスコ会の教義と、生の儚さを強調し皇帝であってもいずれは死に絶えていく存在であることを強調する「三人の騎士と三人の骸骨の出会い」は、基となる考え方は異なるも、互いに整合的である。特に、残虐な拷問の場面に耐え抜くアレクサンドリアの聖カタリナの絵画と生々しく写実的な骸骨の絵画は、見る者に対して、その身分の貴賤にかかわらず平等に死の運命が訪れることを提示し、信仰のための殉教をより理想化する働きがある。死の前には、世俗の富や財産は所詮無駄であるとする考え方は、質素な身なりで清貧な生活を送っていたフランチェスコ会修道士の信仰にも親和性がある。モンテフィアスコーネで鷹狩りに勤しんでいた神聖ローマ皇帝フリードリヒ2世であっても死が訪れたというメッセージは、自己犠牲と慈善の信仰心を通じて、より教皇への回心を促す効果を狙ったものとも言えよう。

（2）しかし更に議論を進めていくと、次のような事情も見えてくる。聖フランチェスコの逝去後、より急進的に世俗の財産への執着を否定する「スピリチュアル派」と、穏健な「コンヴェントゥアル派」に分かれるが、1280年以降、両者の対立が先鋭化した。特に聖フランチェスコの事績が濃厚な記憶として残っている中部イタリアにおいては、急進的な「スピリチュアル派」は、早い時期から迫害されて流浪の身となり「スピリチュアル派」に共感するアラゴン家フェデリコ2世が統治するシチリアへと逃走した[36]。モンテフィアスコーネは、聖フラビアーノ大聖堂の辺りから北に向かう街道（フランチジェナ街道）と、ペルージャ等ウンブリア方面に向かう街道、ボローニャに向かう街道、そして西にティレニア海に向かう街道が分岐する場所でもあり、聖フランチェスコの本拠地であるアッシジに近いモンテフィアスコーネは「スピリチュアル派」が根強く残っていたのではないかと想像される。

---

[36] 小田内隆『異端者たちの中世ヨーロッパ』(2010)p.212

4.3.4. 結論

　以上を踏まえると、推論の域を出ないが、教皇に反感を有する「スピリチュアル派」が、教皇領の中心であるモンテフィアスコーネにおいて、フリードリヒ2世を題材とした絵を描くことで、一種「抗議」の意思表示をしたとする仮説も成り立ち得る[37]。また「シチリアの晩鐘」時における破門に抗議するため、教皇への当てつけや抗議の意味を込めて、敢えて破門が行われた教会内部にフリードリヒ2世の絵画を描いたと考えることも可能かもしれない。

5. ヨハン・ドゥフック司教とは誰か？

5.1. 概要

　最後に、世界的に聖フラビアーノ教会を有名にしたドゥフック司教を巡る謎について整理してみたい。白ワイン「エスト! エスト!! エスト!!!」(Est! Est!! Est!!!) を飲み過ぎて亡くなったとされるヨハン・ドゥフック司教の伝説は、概要以下のようなものである。

　1111年、ドイツのハインリヒ5世は、教皇パスカリス2世から皇帝の冠を授かるためにローマを目指した。その際、アウグスブルクのフッガー家のヨハネス・ドゥフック司教と、その従者マルティンが同行した。従者は、ドゥフック司教の味覚に合うワインを見つけると、「エスト」(Est：ここ) と書いて知らせる、という任務を課せられていた。途中、モンテプルチアーノではEst、オルヴィエートでもEst、と様々な場所で優れたワインを見つけることができた。

　しかしモンテフィアスコーネに着くと、その白ワインの品質の高さに感激して、Est Estと書いたのである。ドゥフック司教は、この白ワインの良さに魅了され、その場を離れず、1113年、飲み過ぎて死んでしまった。

　ドゥフック司教は聖フラビアーノ教会に葬られ、数世紀にわたり、命日にはエスト・エストの樽が墓に注がれた。マルティンは、墓石の足元にこ

---

[37] この点につき、Ficari氏は、穏健な「コンヴェントゥアル派」と急進的な「スピリチュアル派」を見分ける上で、聖フランチェスコの絵画に髭があるかどうかも参考になると述べている。つまり、急進派は聖フランチェスコを理想とするため髭を加えて描こうとするのに対して、穏健派は髭を描かずに温厚な姿を提示しようとする傾向にあるという。ただ残念なことに、聖フラビアーノ大聖堂の聖フランチェスコは、顔の部分が剥落しているために、髭があったかどうかは分からない。

んな墓碑銘を刻んだ。「*EST EST PRT NIU EST HIC IO DEUC D MEUS MORTUS EST*」。訳すと「エストが多すぎたために、私の主ヨハン・ドゥフックはここに眠る[38]。

5.2. 検討

（1）このドゥフック司教を巡る伝説については、これまで様々な人が議論を行ってきた。このうち、上記のような伝説が初めて文献に現れたのは、独ハルベルシュタット出身のローレンツ・シュレーダー（Lorenz Schrader）がイタリア旅行の記録を1592年に刊行した本 "Monumentorum Italiae" が最初である。ただこの中では、Est は2回しか繰り返されていない[39]。墓碑銘にある名前についても様々な説があって一致しない[40]。いずれにせよ、ドゥフック司教がモンテフィアスコーネを訪れたとされる12世紀前半から、400年以上後になって文献上現れてきている。

　また墓碑については、他の教会において同様の彫像を有する墓碑との比較から、14世紀から15世紀前半と推定されている[41]。更にドゥフック司教は、生前に犯した罪の償いのため、24000スクーディ[42]もの遺産をモンテフィアスコーネに寄贈、その引き替えに、1年に1回ワインを墓に注ぐという習慣が続いていたとされる。この伝統は、18世紀初頭、当時のバルバリゴ（Marcantonio Barbarigo）枢機卿によって止められたが、ドゥフック司教の「遺書」は入手不可能である[43]。

（2）これについて、Ficari（2018）は更に議論を推し進め、墓碑に彫られている2つの紋章は、レーゲンスベルク伯エーバーハルト2世（Eberhard

---

[38] *La leggenda di DEFUK*, https://laleggendadidefuk.wordpress.com/2014/11/16/la-leggenda-dellest-est-est/
[39] Estが3回繰り返されるようになるのは、Jacob Masen, *Exercitationes Oratoriae* (1660) からだと思われる。Quinto Ficari, *Est! Est!! Est!!!* (2018) p.109
[40] Deuch, Deguk, Defuck, Defc, Defuggerなど。なおアウグスブルグの銀行家フッガー家と結びつける説もあるが、フッガー家がアウグスブルグを本拠にしたのは、1367年のことであり、時代的に一致しない。C.Capuani e E.Genovesi (1984) p.109
[41] Claus Riessne, *Viaggiatori tedeschi a Montefiascone e l'origine della leggenda dell'Est Est Est* in *Biblioteca e società*, Fascicolo3-4, dicembre (1982)
[42] 1880年の推定値で、127,680リラに相当。B.E.Maineri, *Est Est Est o il Vescovo Beone* (1891)をFicari が引用。https://laleggendadidefuk.wordpress.com/2014/11/16/
[43] Giancarlo Breccola e Marcello Mari, *Montefiascone* (1979) p.170

II, Graf von Regensberg）が当時務めたザルツブルク大司教（在位1200年〜1246年）のものと極めて相似していること、エーバーハルト2世は13世紀前半にモンテフィアスコーネに宿泊した記録があることから、その親族で神聖ローマ皇帝フリードリヒ2世の側近であったヴァルドブルグ家エーバーハルト・フォン・タンネ（トスカーナ公：1197年に逝去）ではないかとしている[44]。この中でFicariは、この墓の位置は下層階において変化[45]しており、かつては正面主聖壇の前にあったことから、大聖堂の最も重要な場所に埋葬されるに相応しい人物であるはずだとして、フリードリヒ2世との関係を強調して議論を展開している。

（3）確かに、墓碑に描かれている紋章は、Ficariの主張を強く裏付けるものである。またこの紋章は、墓碑だけではなく、墓碑近くの入口右側壁面下部にも描かれている。しかし、上述の通りフレスコ画が描かれたのは、フリードリヒ2世逝去後の14世紀であり、ここでも、教皇が修復させたサン・フラビアーノ大聖堂において何故フリードリヒ2世と関係が深かったタンネが埋葬されたのか、という疑問に帰着する。

　フリードリヒ2世の逝去後は、教皇側により「記憶の消去」（Damnatio Memoriae）が行われており[46]、当時何が実際に発生したのかを探るのは困難である。墓碑も、表面が均一に摩耗しており、「記憶の消去」が墓碑にも及んだことを窺わせる。Ficari（2018）は、「フリードリヒ2世は、（中略）迫害された貧しい人々の教団の中でも一定の共感を得ていた。（教皇インノケンティウス4世は、1245年に異端審問の際の拷問使用を認めたが）このことは、おそらく教皇庁への反発は、可能な限りシンボルの使用によって示されたことを意味する。」[47]として、教皇に対する抗議が背景にあることを示唆

[44] Ficari, *Il Mistero Dell'Affresro* (2018) pp.55-56
[45] 伊文化省は「文化遺産カタログ」において、「最初は祭壇の左側の柱の足元にあり、次に主祭壇の前に移動し、次に教会の入口の右側に移動した。」とした上で、「最後は左側の3番目の礼拝堂に移され、床を囲むように置かれている。」としている。なお墓碑の年代については14世紀としている。https://catalogo.beniculturali.it/detail/HistoricOrArtisticProperty/1200208819
[46] フリードリヒ2世の場合特に猛烈に適用され、ヴィテルボでは、フリードリヒ2世が建設した宮殿を破壊、記憶を完全に消し去るため、当時のルールであった建築資材のリサイクルすら行われずに解体された。A. Spina, *Il Palazzo di Federico II a Viterbo* in *Biblioteca e società*, Fascicolo 4, dicembre (2006)
[47] Ficari (2018)p.71

している。

（４）このように、「ドゥフック司教」に対しては、様々な角度から検討が行われてきているが、これ以上の検討は難しい状況にあり、未だにその正体を解明することは困難である。Capuani と Genovesi（1984）は、18世紀初頭まで継続して行われてきたとされる「墓にワインを注ぐ習慣」は、「ある程度の真実に基づくのではないか」としつつ、「ドゥフック司教のエピソードは、モンテフィアスコーネを訪れた全ての貴族や遠方から訪れた人々とこの地の人々との出会いを総括しており、『エスト！ エスト!! エスト!!!』というワインを通して、直接的あるいは間接的に、提供するモンテフィアスコーネの人々とそれを味わった人々の出会いという記憶を再発見するもの」と締めくくっている[48]。

6. 最後に

聖フラビアーノ大聖堂下層階の柱頭の一つには、「教会を見ながら髭を見よ。私は教会の守護者であり、愚か者を嘲笑うために石に刻まれている」と刻まれており、その下には、おかしな小人が訪問者を見下ろして笑っている。そろそろ、聖フラビアーノ大聖堂の謎に迫るのはやめて、「エスト！ エスト!! エスト!!!」を楽しむ時間かもしれない。

---

[48] C.Capuani e E.Genovesi（1984）p.111　なお、Ficariは、ローレンツ・シュレーダーがドゥフック司教を巡る伝承につき言及した16世紀後半、シエナにおいて墓にワインを注ぐ習慣に言及のある文献があることを指摘し、モンテフィアスコーネで行われてきたとされる習慣はシエナ由来であることを示唆している。Ficari（2018）p.32

著者プロフィール

廣田 司（ひろた つかさ）

兵庫県出身。外務省入省後、防衛庁（当時）出向、国連、軍縮不拡散、国際協力等の業務に従事。カナダ、インドネシア、オーストラリア、香港、イタリア所在の在外公館勤務を経て、現在、在メキシコ日本国大使館次席公使。イェール大学大学院卒。J.S.A. ワインエキスパート、産業カウンセラー。

巡礼の道・フランチジェナ街道
ローマ〜シエナ280キロの記録

2024年10月15日　第1刷発行

著　者　　廣田司
発行人　　久保田貴幸

発行元　　株式会社 幻冬舎メディアコンサルティング
　　　　　〒151-0051　東京都渋谷区千駄ヶ谷4-9-7
　　　　　電話　03-5411-6440（編集）

発売元　　株式会社 幻冬舎
　　　　　〒151-0051　東京都渋谷区千駄ヶ谷4-9-7
　　　　　電話　03-5411-6222（営業）

印刷・製本　中央精版印刷株式会社
装　丁　　弓田和則

検印廃止
©TSUKASA HIROTA,GENTOSHA MEDIA CONSULTING 2024
Printed in Japan
ISBN 978-4-344-69147-6　C0026
幻冬舎メディアコンサルティングHP
https://www.gentosha-mc.com/